LITAUEN
MEMEL
MEMELLAND
Pillkoppen
Rossitten
TILSIT
Haffwinkel
Labiau
Legitten
Laukischken
Kl. Scharlack
Alt Gertlauken
GUMBINNEN
TAPIAU
WEHLAU
INSTERBURG
Paterswalde
Abschwangen
Allenburg
Friedland
OST-
Domnau
PREUSSEN

Ich war in Königsberg

Helmut Peitsch

Ich war in Königsberg

und besuchte
Cranz, Wehlau
Pr. Eylau und
Heiligenbeil

Verlag
Gerhard Rautenberg
Leer

CIP-Titelaufnahme der Deutschen Bibliothek
Peitsch, Helmut: **Ich war in Königsberg:**
und besuchte Cranz, Wehlau, Pr. Eylau und
Heiligenbeil / Helmut Peitsch.
– Leer: Rautenberg, 1990
ISBN 3-7921-0416-4
NE: HST

Gesamtherstellung:
Druckerei Gerhard Rautenberg, 2950 Leer
Printed in Germany

ISBN 3-7921-0416-4

Ein Wort auf den Weg

Träume ich, oder ist es wirklich Wahrheit? Ich gehe die Wege der Kindheit, der Jugend. Jahre-, jahrzehntelang Bilder sehnsuchtsvoller Fantasie, und nun geschieht es tatsächlich. Kann es das Auge erfassen, der Verstand begreifen? Ergriffen ist das Herz. Königsberg – Nord-Ostpreußen heute – wer kann es ermessen, was das bedeutet!

Ich trete aus dem Hauptbahnhof – wie damals vor sechsundvierzig, sechsundvierzigeinviertel Jahren. Ich weiß, daß Welten dazwischen liegen, daß ich nicht mehr in das Königsberg von einst gehe, daß die Stadt zerbombt wurde, von Granaten zerfetzt, von Räumbaggern abgetragen, verändert, entstellend aufgebaut – und doch!

Seltsames, Unerwartetes geschieht: Ich sehe das alte Königsberg. Auf den Festpunkten, die wie kleine Inseln den Sand zu Neuland um sich versammeln, erwächst machtvoll das Gebilde der Erinnerung. Börse, Dom, Stadthalle, Nordbahnhof, Luisenkirche – auch die Ruinen heilen, selbst das Untergegangene ist wieder da, das Schloß, die Speicher, die vertrauten Straßen.

„Wie gefällt Ihnen Kaliningrad?", will eine hoch gestellte Persönlichkeit von mir wissen. So sage ich wahrheitsgemäß: „Die Frage kann ich nicht beantworten. Ich sehe immer Königsberg vor mir, die alte Metropole, eine der großen und schönen Kulturstädte Europas." Das ist es: Wir sehen mit dem Herzen, wenn es die Heimat ist. Keine Macht der Welt, nicht die umstürzlerischste Veränderung kann das verhindern. Das ist eine tröstliche Erkenntnis. Und wir werden diesen Trost brauchen. Denn unvergleichlich ist diese Reise, im Schauen wie im Erleben.

Jeden Tag denke ich, ist das alles nur ein Wunschbild, oder erlebe ich es tatsächlich; bin ich dankbar für diese ganz besondere Reise. Da ist Palmnicken mit dem Bernsteinwerk, immer noch Sperrgebiet auch für Sowjet-Bürger, Rauschen, Neukuhren, Cranz, Labiau, Tapiau, Wehlau, Friedland, Domnau, Pr. Eylau, Kreuzburg, Zinten, Heiligenbeil, Balga, die vielen kleineren Orte, Pregel, Deime, Frisching, Kurisches Haff und Frisches Haff, Galtgarben, Stablack – der ganze Regierungsbezirk Königsberg, das Herzstück Ostpreußens.

Reisender, kommst du in dieses Land, nimm dein Herz in beide Hände! Fährst du in deine Heimat, so fürchte das Wiedersehen! Zwei Dinge sind es vor allem, die wehtun, oft bis an die Schmerzgrenze: die verfallenen Kirchen und das verwildernde Land. Lerne, beides zu ertragen in dem Wissen, daß dies die Folgen eines atheistischen und kollektivistischen Staatswesens stalinistischer Prägung sind. Und denke gleich daran, daß das Ende dieser Epoche eingeleitet ist. Schon regt sich aufbegehrend neues geistliches Leben. Zwölf Kirchen im Königsberger Gebiet sind bereits wieder Gotteshäuser. Wurden oder werden zur Zeit renoviert, erstrahlen in alter Schönheit. Andere, viel mehr werden folgen.

Länger, viel länger mag es dauern, bis freies Wirken auch in der Landwirtschaft erblüht, bis die gute Erde nicht länger verkommt, sondern Früchte trägt wie seit Jahrhunderten in der blühenden Kornkammer.

Der Zeitpunkt für diesen Umschwung ist da. Nur deshalb ist eine solche, noch vor kurzem für undurchführbar erachtete Reise möglich. Nach der langen Zeit des Wartens und der Trauer bricht sich nun Hoffnung Bahn. Wer da war, ist um so mehr von ihr erfüllt. Er möchte darum allen sagen: Verzagt nicht. Der Augenblick des Wandels ist auch für Königsberg und sein Gebiet gekommen. Seid darauf vorbereitet.

Dazu möchte dieser Bildband beitragen. Er will helfen, die Wiederbegegnung erträglicher, sogar erfreulicher als erwartet zu machen; auf jeden Fall sinnvoll. Darum wäre es abwegig, in ihm etwa eine Anprangerung oder gar Anklage zu sehen. Eine Art heilsamer Schock allerdings erscheint unumgänglich. „Ich habe ein Problem", so wandte ich mich ratsuchend an Menschen drüben. „Wie sage ich das alles meinen Landsleuten? Was soll ich schreiben." Die klare Antwort: „Die Wahrheit". „Besser eine bittere Wahrheit als eine süße Lüge", sagte einer.

Hier nun ist die Wahrheit, die harte Realität. Der beste Garant, sie erträglich zu machen, sie zur Wende zum Besseren zu benutzen, das sind die Menschen. Herzlich, hilfsbereit, gastfreundlich – man fühlt sich nicht nur schnell wohl bei ihnen; man ist bald guter Freund. Auch wir Deutschen, vielleicht gerade wir. Und die Ostpreußen? Ich bin versucht zu sagen, die erst recht. Fast von selbst kam da mein Wort von „der gemeinsamen Heimat“. Und ich hörte keinen Widerspruch.

Vermutlich ahnen wir noch nicht, was da auf uns zukommt, daß wir – trotz allem – wieder hoffen können, daß wir aber auch gefordert werden dürften. Denke ich zum Beispiel an die offizielle Zusage aus Königsberg, „alles zu tun, um diese Kirche (von Mühlhausen) und die Grabstätte der Tochter des großen deutschen Reformators Martin Luther zu bewahren“, dann frage ich mich, der ich diese Kirche und den Platz des Grabes sah, kann das gehen, ohne unsere Mithilfe? Müssen wir nicht sogar beweisen, daß Heimat mehr als ein Wort ist? Gerade jetzt, da die Gelegenheit da ist, auch für den Königsberger Dom, für die Tharauer Kirche, die Gedenkstätte für die Königsberger, die Planungen in Palmnicken, Rauschen, Cranz, die Gutshäuser und Burgen – gar bis zum Königsberger Schloß? Ein neues Kapitel in der Geschichte dieser Stadt und seines Landes ist aufgeschlagen. Es scheint, daß das Schicksal uns gestattet, vielleicht gar auffordert, wieder daran mitzuschreiben. Zeitgemäß, in bester Absicht, gemeinsam mit den jetzigen Menschen dort – eine große, wohl historische Aufgabe.

Dieses Buch möchte ein ermutigendes Wort auf diesem Weg sein. Die Bilder mögen mit dem heutigen Königsberger und seiner näheren und weiteren Umgebung vertraut machen, die Texte Verständnis für Vergangenheit und Gegenwart wecken. Es ist unmöglich, alle oder wenigstens die wichtigsten Eindrücke einer solchen ersten und ausgedehnten Reise mit offizieller Genehmigung darin wiederzugeben. Darum soll diesem Bildband bald eine ausführliche Darstellung in Text und Foto folgen. Beides gedacht auch als Vorbereitung für ein Wiedersehen mit dem Zuhause. Ans Herz gelegt jenen, die darüber diskutieren oder gar entscheiden. Empfohlen jedem, der sich noch oder wieder erwärmen kann, für altes, spezielles, wahrhaft europäisches Land.

Mein Dank gilt allen, die mithalfen, daß diese besondere Reise möglich wurde, die in oft rührender Weise mich bei der Durchführung vor Ort unterstützten und die mir bei der Nacharbeit tatkräftig zur Seite standen. Gewidmet ist es allen Ostpreußen, jenen, die von dort stammen, denen, die nun dort leben. Möge es dazu beitragen, Ihnen meine beglückende Erfahrung zu vermitteln: Wir haben – trotz Schmerz und Ungemach, unbeschadet jeder Unterschiedlichkeit – eine gemeinsame Heimat.

Helmut Peitsch

Der Hauptbahnhof mit seinem eindrucksvollen Portal war und ist immer noch ein Wahrzeichen der Stadt, Ort des Abschieds und der Ankunft, auch der Beginn unserer erlebnisreichen Wanderung durch das fast ausgelöschte Zentrum, bis hin zum wiederum erhaltenen Nordbahnhof. Beherrschend an der Front aus blaubuntem Klinker, der zum Teil aus dem Cadiner Werk stammt, das große, spitzbogige Fenster. Die beiden mittleren der acht Travertin(Kalkstein)-Pfeiler tragen wie eh und je die Bahnhofsuhr. Der Werksteinblock oben zeigt nicht mehr den von Professor Hermann Brachert gestalteten Vater Chronos mit den stürmenden Pferden als Sinnbild für die schnelle Eisenbahn. Hammer und Sichel symbolisieren jetzt die sowjetische Staatsmacht. Und ganz oben über allem ist in kyrillischer Schrift „Südbahnhof" zu lesen. Kaum mehr als 15 Jahre diente der am 19. September 1929 eröffnete moderne Bahnhof den angestammten Bewohnern. Mehr als eineinhalb Millionen Reisende gingen von hier jährlich auf Fahrt. Am 21. Januar 1945 verließen die letzten als Flüchtlinge auf diesem Wege ihre Heimatstadt. Heute hoffen sie mehr denn je zuvor auf ein Wiedersehen.

Die katholische Kirche „Zur heiligen Familie" am Oberhaberberg, heute „Kaliningrader Philharmonie".

Schon am Bahnhofsvorplatz hat sich die Welt völlig verändert (Bild unten). Links das Denkmal für Michael J. Kalinin, nach dem die Stadt 1946 benannt wurde, in dem Jahr, da das zweite Staatsoberhaupt der UdSSR starb. Der Neubau an der Österreichischen Straße trägt die Aufschrift: „Bernsteingebiet Kaliningrad begrüßt euch". Vergeblich sucht das Auge den altvertrauten Anblick der Haberberger Trinitatiskirche. Ein Kino mit dem Namen „Oktober" und Anlagen, die „Gagarin-Park" heißen, sind nun dort zu finden. Eine Kirche steht noch in der Gegend. Es ist die katholische Kirche „Zur heiligen Familie" am Oberhaberberg. Das schwer zerstörte Gotteshaus wurde wiederhergerichtet und zum Konzertsaal umgestaltet. Das Plakat mit der Federzeichnung vom alten Königsberg (rechts) zeigt an, daß in der „Kaliningrader Philharmonie" gerade populäre Vokal- und Orgelkonzerte mit Werken von Bach, Schubert und Vivaldi veranstaltet werden. Ein Besuch lohnt sich.

In der Gegend des Hauptbahnhofs ist die Haberberger Mittelschule am Alten Garten erhalten geblieben. Die Gebäude sehen fast unverändert aus. Auch Deutschunterricht wird dort erteilt. Rund 300 Kinder nehmen daran teil. Erwachsenenbildung steht ebenfalls auf dem Programm. Der erste Besucher aus dem Westen wird fröhlich begrüßt.

Die Ponarther Kirche an der Brandenburger Straße trägt ein Emailleschild mit der Notiz „Architektur-Denkmal Kirche aus dem 19. Jahrhundert". Der rote Backsteinbau mit Merkmalen, die an alte Ordenskirchen erinnern, wurde 1897 eingeweiht. Eigene Kirchengemeinde wurde der südliche Vorort 1905. Heute ist das einstige Gotteshaus eine Turnhalle. Das äußere Bild wird weiter freundlich gestimmt durch die Anlagen des Parks Friedrichsruh gegenüber der Kirche.

Die Ponarther Kirche wurde zur Turnhalle. Am Altarraum hängt ein Basketballkorb. Kinder probieren dort vergnügt ihre Künste. Nur die neugotischen Spitzbögen erinnern noch an den Sakralbau.

Als Architektur-Denkmal weist ein Schild auch die Rosenauer Kirche (oben) aus. Über die Entstehungszeit ist man sich danach nicht einig – „19. oder 20. Jahrhundert" steht dort. Tatsächlich wurde das Gotteshaus 1926 eingeweiht. Lange Zeit wurde es nach dem Krieg als Kulturhaus genutzt. Jetzt ist es offensichtlich wegen Renovierung geschlossen. Die Häuser im Vordergrund rechts an der Domnauer Straße wurden in den letzten Jahren gebaut. Unten: Das Gelände der Brauerei Ponarth an der Speichersdorfer Straße, einst die bekannteste der vier Braustätten Königsbergs. Heute wird dort Mineralwasser gewonnen. Dies ist auch ein Schauplatz der großangelegten Suchaktion nach dem 1945 verschwundenen legendären Bernsteinzimmer.

Die alten Stadttore blieben weithin erhalten. Ihre Erneuerung und teilweise sinnvolle Nutzung ist bemerkenswert. Ein besonderes Beispiel liefert dafür das Friedländer Tor. Dort entstehen, liebevoll und dekorativ hergerichtet, Versammlungs- und Ausstellungsräume. Fundstücke aus dem untergegangenen Königsberg, überwiegend aus dem Untergrund der angrenzenden Anlagen geborgen, werden dort zusammengetragen: Bierflaschen mit den Aufdrucken „Ponarth" und „Schönbusch", Fotos, Wagenräder, Torbögen, Reklame- und Straßenschilder wie dieses mit der Aufschrift „Amalienau".

Das Brandenburger Tor (oben), ebenfalls im Süden der Stadt, nordwestlich des Hauptbahnhofs, wo der Alte Garten endet und die Berliner Straße beginnt. Erhalten geblieben sind auch die Skulpturen des Feldmarschalls v. Boyen und des Generals v. Aster.

Rechts: Die Börse ist heute ein „Kulturpalast der Seeleute". Der monumentale Bau, nun im leuchtendblauen Anstrich, ist der einzige Gebäudekomplex auf dem einst dicht besiedelten Kneiphof. Er wird von einer 520 Meter langen Hochbrücke beherrscht, die hier beginnt und bis hinter den früheren Kaiser-Wilhelm-Platz reicht. – Rechts unten: So sah es damals an der Börse und der Grünen Brücke aus. Das 1875 auf 2200 Pfahlrosten errichtete Haus war Zentrum des ostdeutschen und osteuropäischen Handels. Besonders für den Getreidemarkt war es berühmt.

ДВОРЕЦ КУЛЬТУРЫ МОРЯКОВ

Rechts oben: Der „Jugend-Sportpalast" beherrscht das Bild am Hundegatt. Vor der Halle mit 4000 Sitzplätzen ragen zwei stilisierte Segel in den Himmel, Symbol für die Hafen- und Fischerstadt. Im Hintergrund Neubauten. – Rechts unten: Historische Speicher schmückten vorher die Gegend am Hundegatt. Kunstvoll angefertigte Figuren und Sinnbilder (oben) gaben ihnen klangvolle Namen wie Walfisch, Hirsch, Pelikan und Noa(h). Ein städtebauliches Juwel.

ДВОРЕЦ СПОРТА «ЮНОСТЬ»

Das Grabmal für Immanuel Kant an der Nordostecke des Doms. Die von Friedrich Lahrs 1924 neu geschaffene „Stoa Kantiana" ist das Ziel vieler Besucher. Immer schmücken Blumen den nach dem Kriege erneuerten Sarkophag.

Linke Seite: Hoch ragt das Portal des gotischen Doms aus dem 14. Jahrhundert in den blauen Himmel. Die bekannteste und meistbesuchte Ruine in der Stadt ist auch das am heftigsten diskutierte Wiederaufbauprojekt. Jetzt liegt ein Beschluß vor, es wieder als Gotteshaus herzurichten. Doch bis zur Verwirklichung ist es noch ein weiter Weg. So bleibt vorerst der Torso der einstigen Hauptkirche ein eindrucksvolles Mahnmal, das zugleich an die Schrecken des Krieges erinnert wie auf eine Erneuerung in einer für alle friedlichen Zeit hoffen läßt.

Noch in der Zerstörung kündet das Innere des Doms von der baulichen Schönheit dieser bedeutenden Kirche aus der frühen Ordenszeit. Hoch ragen die riesigen Pfeiler und die leuchtenden Gewölbe in den offenen Himmel. Unschätzbare Kunstwerke gingen hier verloren; ein wesentliches Stück der Geschichte dieser Stadt und dieses Landes wurden dort begraben. Dazu gehören das Grabmal von Herzog Albrecht I. und das Mittelschiff mit Orgelaufbau, das auch die Pracht der Pfeiler, Torbögen und Deckengewölbe erkennen läßt (oben).

YS-4208

Damals und heute: Linke Seite: Kaiser-Wilhelm-Platz mit Schloß, das Herz der östlichen Metropole Deutschlands. Oben: Das Haus der Räte nahezu an der gleichen Stelle, dort, wo früher der Nordflügel, der Friedrichsbau, war. Seit längerer Zeit ruht die Arbeit. Risse als Folge von Absenkungen wurden festgestellt. Die Diskussion um diesen monströsen Bau, gar um den Verlust des berühmten Schlosses ist neu entflammt.

Der Schloßteich ist wieder eine gepflegte Anlage. Ihn überspannen jetzt zwei Brücken. Der Blick von der Schloßteich-Promenade geht auf Neubauten am Roßgarten. (Linke Seite oben) – Linke Seite unten: Ein Mosaik ziert das Südende des Schloßteiches. Im Hintergrund sind Parkhotel (links) und Stadthalle (rechts) zu erkennen. – Oben: Die zerstörte Stadthalle ist wiederaufgebaut. – Rechts: Die „graue Maus" im sonst so schönen Schloßteichgebiet ist das Gebäude des Parkhotels.

Der Paradeplatz, einst Königsbergs Schmuckstück, ist zu einer Grünanlage geworden, die auf der einen Seite von der Universität begrenzt wird und auf der anderen von Wohnhäusern (Fotomontage oben). Rechte Seite unten: Der Paradeplatz damals. Die Südostfront mit den abwechslungsreichen, schönen Fassaden bekannter Häuser, wie – in der Bildmitte – Gräfe und Unter, Europas größter Buchhandlung, und Café Bauer, sowie im Hintergrund der Altstädtischen Kirche.

Die Universität versucht, die Tradition ihrer großen Vorgängerin fortzusetzen. Das Hauptportal des nüchternen Neubaus ist der frühere linke Seiteneingang, der sogenannte Liebenthal-Flügel. Die Erinnerung an den großen Philosophen wird in einem kleinen Kant-Museum wachgehalten. – Unten: Das war die „Neue Universität" ,die August Schüler von 1844 bis 1861 im Renaissance-Stil baute. Sie folgte der alten Universität auf der Dominsel, die die erste protestantische Universität überhaupt war und an der Kant lehrte.

Der Prospekt Lenina, die Leninstraße, führt vom Hauptbahnhof bis zum Nordbahnhof. Am Hotel „Kaliningrad" (oben), etwa zwischen Junker- und Schloßstraße, schwenkt er in den Steindamm ein. An seinem oberen Ende steht auf der linken Seite das Kaufhaus „Majak" (rechts).

СПОРТЛОТО
ГОРСПРАВКА
ГОРСПРАВКА

Die Leninstraße, etwa vom früheren Trommelplatz aus gesehen, in Richtung Süden. Im Vordergrund Anlagen an der Stelle, wo auch die Statue „Mutter Rußland" steht; hinten das Haus der Räte.

Linke Seite oben: Geschäftiges Treiben auf dem Steindamm ungefähr in Höhe der Steindammer Kirche, die – wie alle Gebäude hier – zerstört wurde. Im Hintergrund das Haus der Räte, also die Stelle, an der das Schloß stand. – Linke Seite: Blumen und Gemüse bieten Bäuerinnen am Straßenrand zum Verkauf an. Der Markt privater Händler findet großes Interesse. An kleinen Kiosken kann man „Sportlotto" spielen oder „Auskunft" erhalten.

Rechte Seite oben: Das Polizeipräsidium an der Stresemannstraße 13, erbaut 1912 bis 1914, beherbergt Miliz und Staatssicherheitsdienst. – Rechts: Der Nordbahnhof mit seinem Säulenportal ist immer noch Blickfang auf dem Hansaplatz, der nun Platz des Sieges genannt wird. Der von Oberbaurat M. Stallmann entworfene Bau aus dem Jahre 1930 dient jetzt als „Haus der reisenden Seeleute". Das neue Abfertigungsgebäude für Cranzer und Samland-Bahn befindet sich hinter dem alten Bahnhofsgebäude.

Oben: Der Lenin Prospekt in Richtung Hansaplatz, überbreite Fahrbahnen, einförmige Häuserzeilen, auffällige Farben, wenig Betrieb. – Unten: Der Steindamm vorher. Herausragend das Kino „Alhambra", Königsbergs größtes und elegantestes Filmtheater.

МЕЖРЕЙСОВЫЙ ДОМ МОРЯКОВ

Das Neue Schauspielhaus an der Hufenallee heißt Kaliningrader Dramentheater. Durch den Vorbau einer Säulengalerie – Russen lieben Säulen – wurde die Frontseite verändert. Immer noch steht gegenüber in gepflegten Anlagen mit ausgedehnten Blumenrabatten das Schiller-Denkmal von Stanislaus Cauer. Immer noch auch werden die Dramen des großen deutschen Klassikers dort aufgeführt, so „Die Räuber", „Kabale und Liebe", „Maria Stuart".

Das Eingangsportal zum Stadion „Baltika". Die Säulen stammen aus der Altstädtischen Kirche. Der frühere Walter-Simon-Platz wurde zu einer modernen Sportarena ausgebaut. Hier spielt auch der Fußballverein „Baltika", der der B-Liga angehört.

Auf den Hufen,
in Amalienau und Maraunenhof stehen noch viele alte Villen.
Sie sind überwiegend gut erhalten.

Der Eingang zum Tiergarten an der Hufenallee ist fast unverändert. Nur der Name auf dem langgestreckten Portal lautet jetzt „Kaliningrader Zoo-Park" und nicht mehr „Königsberger Tiergarten". Der am 21. Mai 1896 eröffnete Tiergarten hatte einen ausgezeichneten Ruf.
Die neue Leitung ist bemüht, die große Tradition fortzusetzen.

Das Nordstern-Versicherungsgebäude gegenüber dem Tiergarten wurde zum Hotel „Moskwa". Die Aufschrift: „Hotel – Restaurant – Café". Das Haus ist auch als Unterkunft für deutsche Touristen im Gespräch.

Vom Turm der Luisenkirche geht der Blick auf Neu- und Altbauten an Lawsker Allee und Hufenallee (Vordergrund) wie Hammerweg, Hardenberg-, Schrötter- und Schillerstraße (unten sowie rechte Seite Mitte). Rechts oben ist der „Park für Kultur und Erholung Kalinin" zu sehen. Sein Riesenrad, die Karussells und Luftschaukeln stehen zum Teil auf dem Gelände des früheren III. Altstädtischen Friedhofs. Rechte Seite unten der Blick über den Park Luisenwahl in Richtung Tiergarten.

Mächtig wie eh und je ragt der Dohna-Turm am Oberteich nahe der Wrangelstraße in den Himmel. Der fast 150 Jahre alte, nach dem General Friedrich Graf zu Dohna benannte Rundturm beherbergt das sehenswerte Bernsteinmuseum. Zu den auffälligsten Exponaten gehören wertvolle Arbeiten aus der königlich-preußischen Epoche mit der Krone und den Buchstaben FR für Fridericus Rex, Friedrich der Große (rechte Seite oben), ein riesiger Pokal (unten links) und eine Nachbildung des Bernsteinzimmers (unten rechts). An zwei kleinen Verkaufsständen kann der Besucher auch Bernsteinschmuck erwerben und eine metallene Anstecknadel mit dem alten Wappen der Stadt und der Inschrift „Königsberg".

Das Roßgärter Tor am Ende des Hinterroßgartens, nahe am Dohna-Turm, gehört immer noch zu den schönsten und künstlerisch wertvollsten Stadttoren. Auch die beiden Skulpturen von Scharnhorst und Gneisenau oben am Hauptportal blieben erhalten. Ein großes Rosenbeet davor macht das Bild noch reizvoller.

Im Staatsarchiv für den „Kaliningrader Oblast" an der Luisenallee wurde zum „Tag der Stadt" am 26. Mai eine Ausstellung „Altes Königsberg" eröffnet. Sie findet immer noch großes Interesse. Dokumente der Universität, mit Kant-Bild und Fotos (oben), wie Bildtafeln mit vielen Aufnahmen aus der Stadt vor der Zerstörung (unten) sind dort für jedermann zu sehen, auch das alte Wappen mit der Schrift „Königsberg" (Mitte).

Wimpel mit Dom und dem Aufdruck „Königsberg" und dem Roßgärter Tor mit dem Schriftzug „Kaliningrad", erworben in Maraunenhof (oben). – Die „Galerie der Künste" am Moskau Prospekt, Sackheim, zeigt unter dem Titel „Königsberg – Kaliningrad" (unten links) Großfotos, meistens in Gegenüberstellung mit den gleichen Motiven heute, so den Dom damals und jetzt (unten rechts).

Oben: Der Gruppen- und Turmspeicher im Gegenlicht auf der anderen Seite des Hafenbeckens IV. Die 5600 Pfähle des einst größten europäischen Speicherbaus an der Hamburger Straße tragen ihn nun schon mehr als 65 Jahre; am 13. Juni 1924 war er feierlich eröffnet worden. – Unten: Auf dem Gelände der Waggonfabrik Steinfurt geht die Arbeit ebenfalls weiter. Das Werk machte besonders von sich reden, als es in den sechziger Jahren sogenannte Dumperwagen konstruierte. Das sind selbstentladende Waggons mit 180 Tonnen Hebekraft.

Über den Alten Pregel führt noch die Hohe Brücke aus dem Jahre 1938. Auch das Brückenhäuschen mit dem spitzen Türmchen ist weiter zu sehen.

Oben: Wer die Hohe Brücke über den Pregel vom Weidendamm aus überquert, erblickt zur Rechten am Unterhaberberg, nahe am Viehmarkt und dem Platz der Luther-Kirche, einen gut erhaltenen alten Wohnblock. – Rechts: Der markante Backsteinbau mit dem viereckigen Turm, an der Franz-Seldte-Straße, das frühere Landesarbeitsamt, beherbergt eine Polizeischule.

Eine neue Hochstraße – zur Entlastung der Strecke Weidendamm – Lindenstraße – Holzbrücke – soll über die Plantage zum Sackheim führen und den Pregel an anderer Stelle überqueren. Der Bau wurde gestoppt, weil es Schwierigkeiten bei der Fundamentierung gab. Zwischen einem neuen Hochhaus und kleineren Altbauten steht auf der Lomse die schwer beschädigte Kreuzkirche. Die Restauration hat begonnen.

Rechts: Das zweitürmige Portal der Kreuzkirche auf der Lomse an der Plantage, die erst 1933 von Arthur Kickton errichtet wurde. Sie wird Gotteshaus der zweiten – nach Juditten – russisch-orthodoxen Gemeinde auf Stadtgebiet. Zu ihr gehören rund 800 Mitglieder. Immer noch ist am Kreuz die Inschrift zu lesen: „Das Wort vom Kreuz ist eine Gotteskraft". Auf die Frage: „Bleibt die Inschrift?" sagt ein Verantwortlicher: „Alles, was aus der deutschen Zeit stammt, wird erhalten."

Das Wort vom Kreuz
ist eine Gotteskraft

Die im Bau befindliche Hochstraße über den Pregel vor der Einmündung auf dem Sackheim. Unter der Trasse ist die Domruine zu erkennen.

Rechte Seite oben: Völlig verändert ist das Bild auf dem Sackheim. Wo einst geschäftiges Leben war und abwechslungsreiche Fassaden die Straßenfronten markierten, hat sich jetzt der Moskauer Prospekt gebieterisch Bahn gebrochen. Vielstöckige Wohnhäuser ragen wie Giganten einer anderen Welt in den Himmel. Im Erdgeschoß sind oft Läden, Restaurants und Galerien untergebracht.

Rechte Seite unten: An der alten Dampferanlegestelle an der Hamannstraße, nahe der Holzbrücke, ist ein aufgedocktes Schnellboot zu sehen. Es soll an den Einsatz der Marine erinnern, die vom Pregel aus in die Kämpfe bei der Eroberung der Stadt eingriff.

УНИВЕРСАМ МОСКОВСКИЙ
УНИВЕРСАМ

Der Moskauer Prospekt durchschneidet axial von Ost nach West die Stadt wie der Lenin Prospekt von Süd nach Nord. Mehrbahnig, mit breitem Mittelstreifen und ausgedehnten Wegen und Anlagen an den Seiten verläuft er etwa auf der Linie von Sackheim – Münchenhof – Altstädtische Langgasse – Oberlaak – Unterlaak. Durch Verbreiterung und Begradigung haben sich auch die Fluchten der Häuser erheblich verändert.

Rechte Seite oben: Die Jahreszahl verrät es: Das Haus mit der 1899 am Giebel stammt noch aus der alten Zeit, ist ein deutsches Haus, wie die neuen Bewohner sagen. Der Komplex des früheren Reserve-Lazaretts auf dem Sackheim ist heute Verlagshaus der Militärzeitung „Ostsee-Schutz".

Rechte Seite unten: Eine Ruine ist immer noch das „Königseck" an der Königstraße.

1899

Das Sackheimmer Tor zeigt sich im neuen Glanz. Das Haus daneben wird noch restauriert. Rechts in der Litauer Wallstraße das frühere Waisenhaus. Hier war 1945 der Sammelplatz für Zehntausende von deutschen Gefangenen, ehe sie nach der Kapitulation der Stadt am 9. April einem ungewissen Schicksal entgegengingen.

25

Oben: Strahlend und hell leuchtet das Gold von Kugel und Kreuz mit Querbalken auf der Turmspitze der Juditter Kirche in den blauen Himmel – Zeichen der russisch-orthodoxen Konfession, auch des Beginns einer geistlichen Erneuerung in Königsberg und seinem Gebiet.

Linke Seite: Die Juditter Kirche, ältester Sakralbau des Samlands (1288 erbaut), ist seit 1987 nach zweijährigem Umbau wieder Gotteshaus. Zur russisch-orthodoxen Gemeinde gehören etwa 800 Mitglieder.

Rechts: Auf dem Friedhof an der Juditter Kirche werden Reste von deutschen Gräbern gesammelt. Ein schlichtes Holzkreuz symbolisiert, daß hier eine Gedenkstätte geschaffen werden soll (oben). Sie wird den toten Königsbergern gewidmet sein. Die Menschen besinnen sich auf die Vergangenheit und auf die, die vor ihnen da waren.

Palmnicken ist immer noch das Zentrum der Bernsteinproduktion. 94 Prozent der Weltherstellung kommen aus dem schönen Ort an der ostpreußischen Küste, der heute sinnvollerweise Jantarnyj = Bernstein genannt wird. Hier eine Schmuckkassette mit erlesenen Stücken aus den Werkstätten des „Kaliningrader Bernstein-Kombinats".

Rechte Seite oben: Der technische Direktor des Kombinats, Wladislaw Tschinjaew, zeigt Verleger Gerhard Rautenberg in den Ausstellungsräumen des Palmnicker Werks den größten bisher gefundenen Bernstein. Gewicht: zwei Kilo und vierhundertsechzig Gramm.

Rechte Seite unten: Eine Arbeiterin in den Palmnicker Werkstätten schleift den Bernstein.

Bild vorige Doppelseite: Palmnicken hat heute einen der breitesten und schönsten Strände an der ganzen Ostseeküste. Noch aber ist er kaum besucht. Das Zentrum der Bernsteinproduktion ist Sperrgebiet. Aber schon zeigt man uns diesen Platz. „Hier könnt ihr ein Hotel bauen. Wir wollen, daß ausländische Touristen, vor allem deutsche, zu uns kommen."

Der Tagebau geht an einem anderen Platz als früher weiter. Hier, in Richtung Bardau – Gautzberg, wird der Bernstein mit neuen Maschinen in einer Tiefe von etwa 55 Metern aus der „Blauen Erde" gewonnen (Bildmitte). Die Fördermenge entspricht mit rund 600 Tonnen Rohbernstein ungefähr der des im Jahre 1913 begonnenen Tagebaus östlich Kraxtepellen in Richtung Hubnicken. Diese etwa zwei Kilometer entfernte Anlage wurde mit Ostseewasser überflutet und ist heute ein Fischteich.

НКМЗ

Erstaunliches tut sich an der Palmnicker Kirche. Sie wird renoviert und zu einem der bisher zwölf genehmigten russisch-orthodoxen Gotteshäuser im Königsberger Gebiet umgestaltet. Das Pfarrhaus dagegen ist immer noch eine Ruine (rechts).

Rechte Seite oben: Ein Blick in das Innere der Palmnicker Kirche. Er zeigt, daß hier wieder Gottesdienst gehalten wird. Der Umbau ist noch im Gange.

Rechte Seite unten: Rauschen (Svetlogorsk): Moderne Elektrozüge stehen auf dem Bahnhof Rauschen-Düne, der jetzt „Svetlogorsk 2" heißt. Für 35 Kopeken – weniger als zehn Pfennig – fahren mit ihnen die Menschen vom Nordbahnhof in Königsberg auf der Strecke der früheren Samlandbahn.

КОМСОМОЛЕЦ
ЭР2 650
ЭР1 198

Rauschen ist immer noch der schönste Ort an der samländischen Steilküste. Im Svetlogorsk von heute begrüßt diese weibliche Figur vor dem Sanatorium „Bernsteinküste", dem größten der Stadt, die Gäste.

Rechte Seite: „Herzlich willkommen" heißt es auch am Eingang zum Pionierlager „Juri Smirnow" (unten). Die nach diesem „Helden der Sowjetunion" benannte Anlage in dem kleinen Wäldchen schräg gegenüber dem Bahnhof Rauschen-Düne hat auch Gästehäuser aus der alten Zeit (oben).

ДОБРО ★ ПОЖАЛОВАТЬ!

Dieses zweistöckige Haus mit ausgebautem doppeltem Dachgeschoß zeugt noch von der alten großen Zeit des vielbesuchten Rauschen. Es steht einsam und beherrschend am Hang zur See in der Nähe der Strandstraße.

Rechte Seite: Das Warmbad mit dem 30 Meter hohen Wasser- und Aussichtsturm, Wahrzeichen des herrlichen Ostseebades, präsentiert auch auf einer sowjetischen Briefmarke.

Unvergeßliches, auch unvergängliches Rauschen? Erholsame Spaziergänge an der baumbestandenen, heckenumsäumten Kurhauspromenade. Links die ehemaligen Gästehäuser des Kurhauses.

Die Brunnenfigur von Hermann Brachert. Die 1940 geschaffene Marmor-Skulptur, Wasserträgerin genannt, war für den Kurpark bestimmt. Dort steht sie auch heute an der Stelle der ehemaligen Leuchtfontäne.

Rauschen – das heißt vor allem feinkörniger Sandstrand an der majestätischen Steilküste, baden im blauen Wasser der meist schaumgekrönten Ostsee. Erholung finden auch heute viele Besucher an der Gausupschlucht, Blick nach Westen.

Links: Eine neue Seilbahn mit Gondeln für je vier Personen ist zwischen Fischerweg und Rauschen-Düne, Nähe Bahnhof, entstanden. Sie erspart kranken und müden Erholungssuchenden den mühevollen Aufstieg durch die mehr als 40 Meter hohe Steilküste. Der seit längerer Zeit bestehende Turmlift am westlichen Teil der Strandpromenade ist Sanatoriumsbesuchern vorbehalten. Er hat den Platz der ehemaligen Drahtseilbahn eingenommen, die schon vor dem Ersten Weltkrieg gebaut wurde.

Bild nächste Doppelseite: Der Strand an der Venusschlucht, die Steilküste bis Ecke Bernsteinschlucht bei Sassau. Rechts vorne das Ende der neuen Strandpromenade. Sie wurde mitsamt Seesteg in Betonbauweise errichtet, verbreitert und über den Fischerweg hinaus verlängert.

Oben: Ein Blick auf die Dorfstraße in Richtung Mühlenteich, der jetzt „Stiller Teich" genannt wird. In dem Gebäude mit auffälligem Dach und Giebel war früher die Schlachterei Stahl.

Links: Neukuhren (Pionerskij) ist immer noch der einzige Ostseehafen zwischen Pillau und Memel. Aber er wurde, ebenso wie der Ort, erheblich ausgebaut. Neuerdings ist er sogar als Anlaufstelle für eine Fährverbindung mit Travemünde im Gespräch. Im Hintergrund die Wanger Steilküstenspitze im Westen.

Der Buhnenstrand von Neukuhren mit Küstenstreifen bis zur Rantauer Spitze.

Cranz (Selenogradsk): Hellgelber Sand und blaues Meer, schaumgekrönt und unendlich – ein unvergeßlicher Anblick. Doch schmaler geworden scheint der Strand, den nun eine Mauer und ein Steinwall begrenzen. Weit geht der Blick bis hin zur Kurischen Nehrung.

Cranz, Ostpreußens größtes Ostseebad, heißt nun Selenogradsk, Stadt im Grünen. Aber seine Bewohner und Besucher erinnern sich noch an den angestammten Namen. Das deutsche Wort „Cranz" steht in großen, weißen Lettern auf der Promenade im Ortsteil Westende.

Rechte Seite: Die Promenade heute und damals (unten): Der holzbelegte, meistens von flanierenden Besuchern übervölkerte Uferweg ist nun betoniert und mit fast zwei Kilometern doppelt so lang wie früher. Die Bauten auf dieser einst beliebtesten Strecke, vom Seesteg in Richtung Westen, sind zu Ruinen geworden. Nur im Hintergrund ein Neubau, der den Spazierweg überbrückt, das „Café Brandung". Vorne links, zurückliegend, das einstige Hotel „Meeresblick", nun Ruinen. Das Gebäude mit dem Spitzdach war das „Café Atlantic", schon damals über 100 Jahre alt. Dahinter das Hotel „Zum Elch", dessen vorderer Teil ebenfalls aus der Frühzeit des 1816 eröffneten ersten preußischen Ostseebades stammt. Der Rundbau im Hintergrund kam Anfang der dreißiger Jahre dieses Jahrhunderts dazu.

Alt und neu begegnen sich aus dieser Perspektive. Das Wohnhaus mit Erker war das Gebäude Königsberger Straße 48, Eigentümer Friedrich Bast. In der zweiten Etage war die Praxis von Zahnarzt Dr. Pankow, auch Schularzt. Dahinter der größte Neubau im heutigen Selenogradsk. Das Hochhaus in Backstein steht südlich vom Corso. Es ist das „Sanatorium für prophylaktische Zwecke Möve".

Die Königsberger Straße heißt Leninstraße, ist aber immer noch der belebteste und schönste der größeren Verkehrswege. Vorne rechts ein Mauerstück der Post, dann die Apotheke und das Wohnhaus Nummer 5/6 mit dem auffälligen Doppelerker, das Hedwig Schütz gehörte.

Gepflegte Anlagen und anheimelnde alte Häuser an der Graf-Keyserlink Straße in Cranz-Westende. Sie werden bald der Vergangenheit angehören. Denn hier soll eine Neubausiedlung entstehen, mit Apartmenthäusern „auch für Besucher und Eigentümer aus Deutschland", wie uns, einladend und in die Zukunft blickend, gesagt wird.

Ein Zug aus Königsberg ist im Cranzer Bahnhof eingelaufen. 25 Kopeken kostet die Fahrt über die 28,20 Kilometer lange Strecke der früheren Königsberg-Cranzer Eisenbahn, die 1869 projektiert und am 8. Juli 1885 eingeweiht wurde. Immer noch nimmt der Sackbahnhof Tausende von Besuchern auf. Das hohe, gelbe Haus im Hintergrund ist das Bahnhofsgebäude. Der daneben sichtbare rote Giebel gehört zur Cranzer Schule.

Das Schulgebäude an der Schulstraße wurde durch einen Anbau – rechts vom Regenrohr – nach Norden hin erweitert. Hier waren früher Volks- und Mittlere Schule untergebracht, ein seltener Typ mit Lehrplan einer Oberschule. Heute ist dies eine Mittelschule, in der auch Deutsch gelehrt wird.

Pillkoppen auf der Kurischen Nehrung. Bei Cranzbeek ist eine Kontrollstation, und nur Besucher mit den erforderlichen Papieren dürfen hindurch. Hinter Morskoje, wie Pillkoppen heißt, endet auch der sogenannte Kaliningrader Oblast, das Königsberger Gebiet. Hier die vereinsamte Bucht mit der weißen Düne im Hintergrund. Der Ort selbst ist weithin von Verfall gezeichnet.

Sarkau – Tjessno = Walddorf – macht von den drei Nehrungsdörfern im sowjetischen Bereich den gepflegtesten Eindruck. Hier ein Blick aus der Gegend am Sarkauer Haken in Richtung Poststraße, an der noch (Hintergrund) das Häuschen von Glöckner und Fischer Hermann Hahn steht. Vorne links das Wohnhaus von Frau Schiefke, dahinter der Besitz von Schlachter Otto Wermke.

Rossitten: Der Anblick von Rybatschij = Fischerdorf ist trist, nicht mehr zu vergleichen mit dem, den einst der große, blühende Ort bot. Die Kirche wurde zur Trockenhalle der Fischerkolchose „Arbeiter der See" (oben). Unten der Hafen dieser einzigen Fanggenossenschaft im sowjetrussischen Teil am Haff, die auch in der Ostsee fischt, südlich der alten Mole. Rechts ein Pontonboot mit Hebevorrichtung für die Anlandung, dahinter Kutter.

Kumehnen (Kumacevo): Die bischöfliche Kirche aus dem 14. Jahrhundert ist eine traurige Ruine. Der Eingang im zertrümmerten Turm ist von Unkraut überwuchert. Eine Bretterbude verdeckt bis zum oberen Rand die Blindfenster des Langhauses. Auf dem höchsten Mauerrest hat sich ein Storchenpaar eingenistet. Untergegangen ist auch die Pracht und Herrlichkeit der Innenaustattung von hohem künstlerischen Wert. Dazu gehörte ein Altarschrein, der um 1500 in Nürnberg unter dem Einfluß von Veit Stoß entstanden war.

Oben: Zu den beeindruckenden samländischen Kirchen gehörte auch die in Pobethen (Romanovo). Heute ist sie eine der abstoßendsten Ruinen.

Ein paar Neubauten im Einheitsstil können die einstige heimelige dörfliche Atmosphäre in Kumehnen nicht wiederbeleben. Das letzte erhaltene Haus ist das Gebäude der Bäckerei Brunk. Die Inschrift zwischen zerstörtem Eingang und Fensterhöhle ist zwar verblichen, aber immer noch gut zu entziffern (unten).

Medenau (Logvino): Von der Feldsteinkirche aus dem Anfang des 14. Jahrhunderts steht nur noch ein Mauerrest. Auf dem von Unkraut und Gestrüpp überwucherten Friedhof hängt Wäsche. Nur ein Pfeiler (links) verrät, daß hier einmal ein Gottesacker war.

Das war die Kirche Medenau. Auf einer Anhöhe thronte sie, kunstfertig aus ungefügen Findlingen erbaut, zugleich wie eine schutzbringende Burg. Der Chor hatte einen seltenen achteckigen Abschluß. Das Innere zierte ein Sternengewölbe.

Powunden (Chrabrovo): Das Abfertigungsgebäude des Flughafens mit der Aufschrift „Aeroport" nördlich von Königsberg. Von dort ist Kaliningrad durch die Maschinen der Aeroflot mit den großen Städten der Sowjetunion verbunden. Die schnellste und bequemste Anreise, auch aus dem Westen, ist die mit dem Flugzeug über Moskau oder Leningrad. Vom alten Kirchdorf ist nicht mehr viel zu sehen. Zahlreiche Neubauten gibt es dafür.

Rechte Seite: An der Straße nach Schaaken steht dieses Haus mit Dacherker aus dem Jahre 1914, wie auf dem Ornament über dem Eingang zu lesen ist.

Wenn der Durst quält – die ostpreußischen Sommer sind immer noch trocken und heiß –, kann es Probleme geben. Mineralwasser ist meistens Mangelware. Was tun, wenn man den ganzen Tag unterwegs ist? Wir versuchen es, an einem alten Ziehbrunnen auf einem Gehöft in Prirolnoje, vermutlich Correynen, auf dem Weg nach Schaaken (oben). Ein Bewohner winkt uns heran. Er zeigt auf einen Hydranten nahe der Straße, bringt Kanne und Tasse. Da sprudelt das Wasser aus der modernen Versorgungsleitung. In Schaaksvitte, vor dem Haus, in dem einst Familie Nima wohnte, wissen wir schon uns selbst zu versorgen, ohne fremde Hilfe, Kanne und Tasse (rechte Seite oben). Der Turm (links) verrät ebenfalls, daß es auch auf dem Lande fließendes Wasser gibt. Diese metallenen Gebilde sind typisch für die ostpreußische Landschaft heute. Der Storch hat offensichtlich die Neuerung akzeptiert.

Rechte Seite unten: Schaaken (Nekrasovo): Die Schule. Ein Schild weist – wie dort üblich – aus, daß dort weiter Kinder unterrichtet werden.

ДОБРО ПОЖАЛОВАТЬ !
ШКОЛА

Die Burg Schaaken wirkt immer noch mächtig und idyllisch zugleich. Aber der Verfall des 1328 erstmalig erwähnten Baus mit der großen Vergangenheit hat einen bedenklichen Grad erreicht. 1975 mußten die letzten Bewohner ausziehen. Man möchte gern restaurieren. Doch wer finanziert ein solches Vorhaben? Bis 1945 war die Burg gleichzeitig Sitz eines Gutes, das von der Familie Riebensamen bewirtschaftet wurde.

Rechte Seite oben: Schaaksvitte (Kaširskoe): Unverändert idyllisch ist die Wasserlandschaft am Kurischen Haff. Verträumte Schilfbuchten, Weiden am Ufer, Seerosen und Rohrkolben, das tiefe Blau des riesigen Sees und die Unendlichkeit des stimmungsvollen ostpreußischen Himmels – das ist der herzbewegende Anblick vom halbinselförmigen Damm aus. Am Horizont der schmale Landvorsprung, genannt Post.

Rechte Seite unten: Ein Bagger arbeitet an der Ostseite des Damms. Deutlicher hier der Landvorsprung im Hintergrund.

Links: Die Kirche in Schaaken wirkt fast gespenstisch. Der schöne Bau aus der Mitte des 14. Jahrhunderts ist zu einem Dohlenfriedhof geworden. Wer sich durch den verschütteten und von Unkraut überwucherten Eingang ins Innere wagt (unten), blickt auf die verwesenden Leiber der schwarzen Vögel. Gebüsch umwuchert die Reste des rotziegeligen Mauerwerks. Nur ein blühender Holunderbusch mildert den Anblick. Kaum zu glauben, daß das Gotteshaus nach dem Krieg noch vollständig erhalten war.

Ein Bild wie ein Gemälde: Der Fluß Beek in Schaaksvitte, von der Straßenbrücke aus gesehen in Richtung Süden. Im Hintergrund das rote Ziegeldach des Hauses, in dem früher die Familie Wilhelm Voß wohnte.

Nautzken. Hoch ragt der kantige Schornstein der alten Genossenschaftsmolkerei. Sie lag gegenüber der Gastwirtschaft Prang, vorher Rentel (vorne), an der Abbiegung nach Kaimen. Dort war auch die Filiale der Kreissparkasse untergebracht.

Immer noch steht der deutsche Name Nautzken auf dem Bahngebäude, obwohl der Ort nun Dobrino heißt und die Züge auf der Fahrt nach Labiau und Tilsit über die Schienen im Vordergrund hier nicht mehr halten.

Rechts: Gr. Legitten (Mordovskoe): Die Ordenskirche, etwa 1400 erbaut, bietet heute einen erschütternden Anblick. Das Dach ist fast völlig zerstört, der Turm ohne Spitze, auf den Mauern Unkraut und Gestrüpp. Unvorstellbar, daß das Gotteshaus 1945 unbeschädigt war. Eine Zeitlang wurde es als Lager benutzt. – Oben: Der Denkmalsfigur an der Kirchenwand zur Erinnerung an die Gefallenen des Ersten Weltkrieges wurde der Kopf abgeschlagen. – Oben Mitte: Noch ein Grabstein auf dem jetzt von den neuen Bewohnern genutzten Friedhof erinnert an die alte Zeit. Er ist Franz Sagowski gewidmet, der im Jahre 1926 hier bestattet wurde.

Das Innere der verfallenen und ausgeschalteten Kirche von Gr. Legitten. Durch den spitzbogigen Triumphbogen ist das Sterngewölbe des Chores ebenso zu sehen wie – durch das zerstörte Dach – der Giebel mit Türmchen. Auf den herausgerissenen historischen Grabplatten ist die Schrift noch zu entziffern. An der Wand Wörter von heute, einige eingeritzt sicher von jungen Leuten, die hier an einer Feuerstelle kampierten. – Links: Eine der beiden noch erkennbaren Grabplatten mit lateinischer Inschrift in Vergrößerung.

Klein Scharlack (Nachimovo): Das Herrenhaus des einstigen Ritterguts im Besitz von Johst-Woltag ist in einem ausgezeichneten Zustand. Es wird als Kulturhaus benutzt. Ein auffallendes Beispiel für die Erhaltung alter, bedeutender Bausubstanz.

Auch die Häuser für Instleute und Landarbeiter machen in Klein Scharlack einen guten Eindruck. Auf dieser Seite der Straße nach Tapiau, etwa vom Standpunkt des Fotografen, ist ein Ladengeschäft, vermutlich im früheren Bahnhofsgebäude.

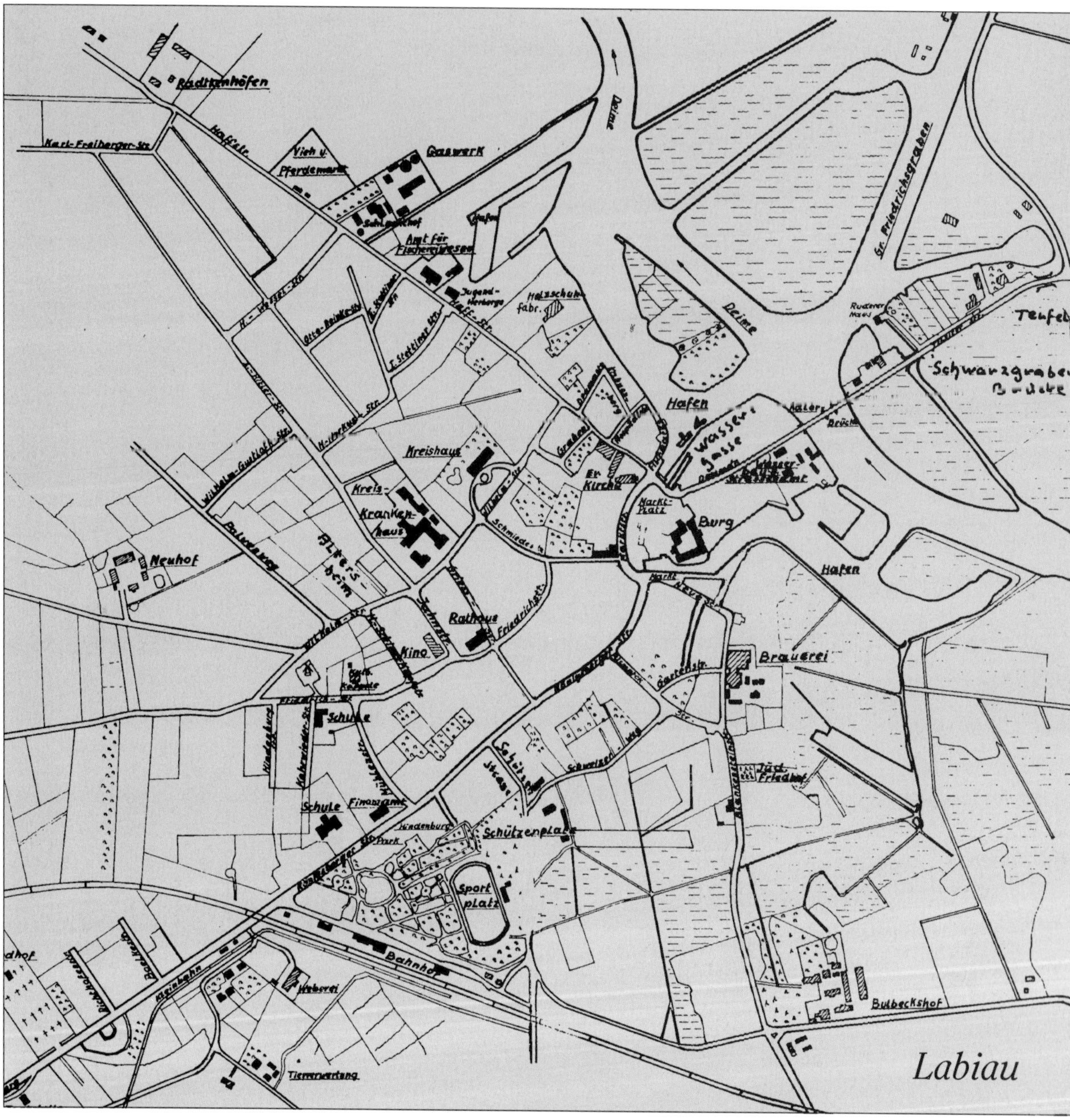

Rechte Seite oben: Labiau (Polessk): Die Adlerbrücke über die Deime, erbaut 1923, ist immer noch ein altvertrautes Wahrzeichen der Kreisstadt nahe dem Kurischen Haff.

Rechte Seite unten: Ein Blick vom Bahnstieg auf das Bahngelände, im Hintergrund der Übergang Königsberger Straße. Das Stationsgebäude (hinten rechts) wirkt wie ein Schrumpfgebilde des alten großen Bahnhofs. Rechts die Neubauten für die Abfertigung. Links der Rangierlokschuppen. Erhalten blieb noch das Wohnhaus für die Bediensteten (auf dem Bild nicht sichtbar).

Die Volks- und Mittelschule gegenüber dem Hindenburg-Park ist in ausgezeichnetem Zustand, wenn auch baulich stark verändert, so um eine Etage niedriger. Sie wird weiter zu Unterrichtszwecken genutzt. Mit einem Schild „Herzlich willkommen" werden – wie häufig – die Schüler begrüßt.

Rechte Seite oben: An der Königsberger Straße, die jetzt Kaliningrader Straße heißt, stehen noch einige Häuser aus der alten Zeit. Rechts im Hintergrund ein fünfstöckiger Neubau.

Rechte Seite unten: Der rote Ziegelbau der Post steht vereinsamt an der Königsberger Straße. Heute ist dort ein Einberufungsamt untergebracht.

ПУНКТ

Quer zur Hauptstraße steht dieser neue Wohnhausblock. In seinem Erdgeschoß ist ein großes Ladengeschäft.

Rechte Seite oben: Verändert, aber noch erkennbar das einst sehr bekannte Haus Koppetsch, Am Fischmarkt 1. Das Schild an dem nun um ein Stockwerk erhöhten Gebäude – und die vergitterten Fenster – verraten: Hier ist ein Juweliergeschäft.

Rechte Seite unten: Der Marktplatz, von der Marktstraße aus gesehen.

ЮВЕЛИРНЫЙ

Das aus dem Jahre 1910 stammende Hotelgebäude „Deutsches Haus" steht noch an der Marktstraße. Die markante, wohlgestaltete Front mit den beiden Ziergiebeln fällt zwischen den eintönigen Neubauten besonders auf.

Linke Seite oben: Blick in die Marktstraße. Der fünfstöckige Neubaublock (vorne rechts) steht an der Stelle, zum Teil noch auf den Fundamenten, der evangelischen gotischen Pfarrkirche, die vermutlich bereits in der Mitte des 14. Jahrhunderts errichtet wurde.

Linke Seite unten: Das war die Marktstraße mit der schönen Häuserfront, deren Schmuckgiebel ihr ein besonderes Gepräge gaben, so auch beim Hotel „Deutsches Haus" ganz links. Sie verdeckten die chorlose, dreischiffige Hallenkirche. Nur ihr Turm überragte.

Schleppzug auf der Deime, an der Stelle, da der Große Friedrichsgraben von links kommend einmündet. Zu erkennen auch der Platz von Kahnenbauer Groß.

Rechte Seite. Haffwinkel (Zalivino): Geht man die alte Dorfstraße von Labagienen entlang – wie die alten Bewohner lieber sagen – so könnte man denken, die Zeit sei stehengeblieben. Immer noch sind die Fischer- und Bauernhäuser an ihrem Rand zu finden, oft mit trocknenden Netzen auf dem Staketenzaun (oben) oder mit „Frank Spieß", dem Dacherker, über dem Eingang, wie das Wohngebäude von Fischhändler Jost (unten). Allerdings ist nicht zu übersehen, daß sie nicht gerade im besten Zustand sind.

Dicht am Haff – wohl auf dem Grundstück von Schemeit – wo auf der einen Seite Boote im blauen Wasser dümpeln und ein Bagger an der Arbeit ist, hat sich auf der anderen die „Fischerkolchose der Freiwilligen" eingerichtet. Neben einer Ansammlung von alten Booten und in der Nachbarschaft der Gebäude von einst (oben) flicken ihre Männer alte Netze (rechts). „Ihr habt doch bestimmt schon neueres Material?" fragen sie den Besucher aus dem Westen. Was der nur bejahen kann.

Laukischken (Seranskoe): Vom alten Kirchdorf, wo das vielbesungene „Ännchen von Tharau" 36 Jahre lebte, ist nicht mehr viel übriggeblieben. Nur noch ein paar alte Häuser stehen. Wie eine Idylle von Anno dazumal wirkt der Stall oben. Er gehörte zu dem nicht mehr vorhandenen Doppelhaus von Bäcker Kirsch und Schuhmacher Gustav Tuch. Der Weg rechts führt zum Gelände des Ritterguts Bieberstein, auf dem im Hintergrund Neubauten zu sehen sind. – Unten: Das war einmal der Neubau von Viehhändler Franz Schlefereit, der erst kurz vor dem Krieg fertiggestellt wurde.

Alt Gertlauken (Novaja Derevnja): Ein Spaziergang durch den Ort – als habe sich in dem Köhlerdorf nichts geändert (oben). – Unten: Die Schule dient weiter den alten Zwecken, wie fast überall.

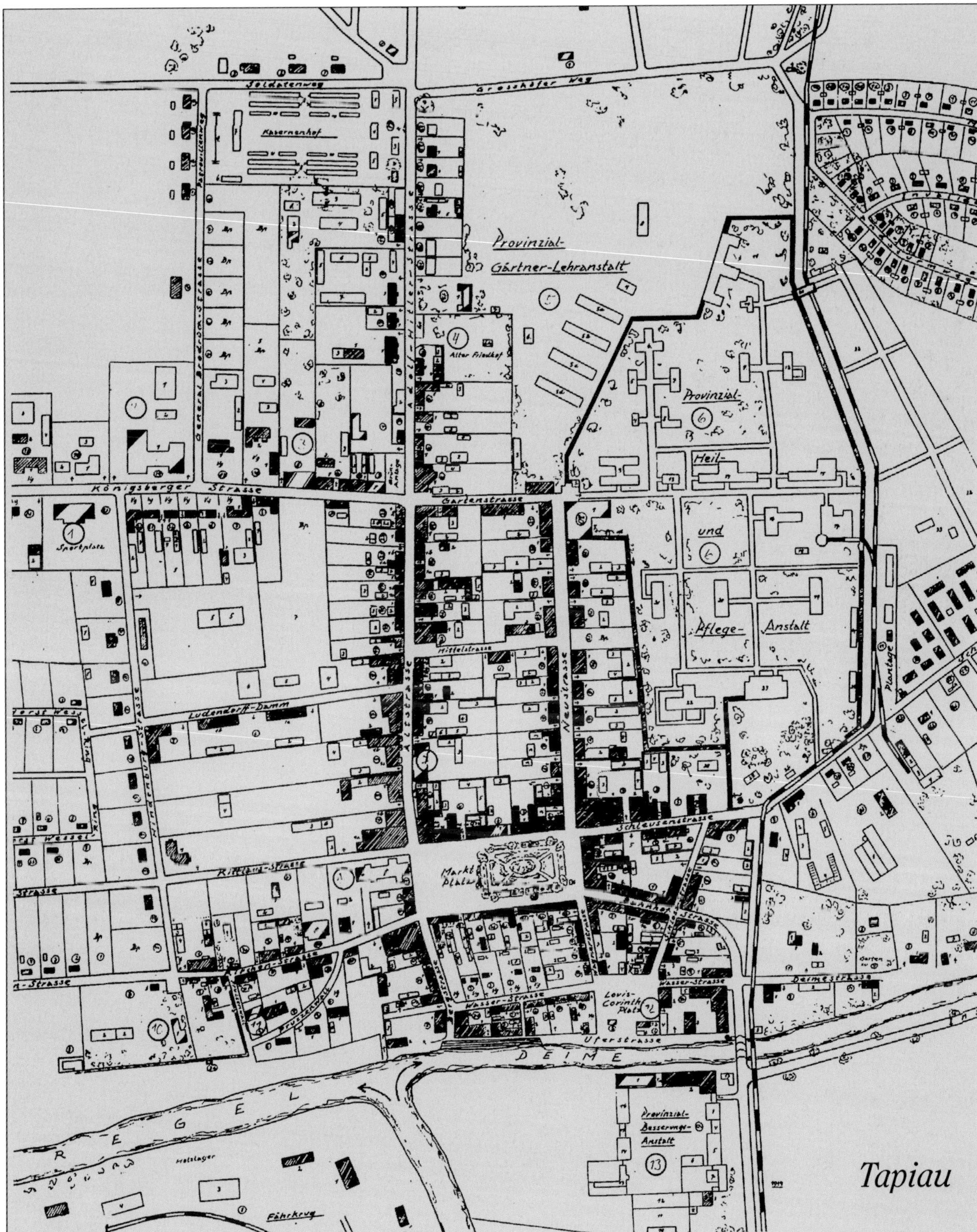

1 Turnhalle/Sportplatz
2 Stadt- u. Berufsschule
3 Kreis-Feierabendhaus
4 Alter Friedhof
5 Prov. Gärtner-Lehranst.
6 Prov. Heil- u. Pflegeanstalt
7 Rathaus
8 ev. Kirche
9 Gaswerk
10 Oberförsterei
11 Armenhaus
12 Lovis-Corinth-Geburtshaus
13 Prov.-Besserungsanstalt

Tapiau (Gvardejsk): Die Stadt an Pregel und Deime ist ein Lichtblick in der vorherrschenden Düsternis nordostpreußischer Ortschaften heute. Der Marktplatz der jetzigen Kreisstadt mit über 20 000 Einwohnern (1939: 6315) ist weithin erhalten. Beherrschend ist nun auch wieder die Pfarrkirche aus dem Anfang des 16. Jahrhunderts. Sie wird gerade renoviert und ist seit kurzem Gotteshaus der russisch-orthodoxen Konfession. In freundlichem Anstrich zeigt sich die Sakristei, der zum Markt hin gelegene Anbau auf der Nordseite. Ihr bedeutendster künstlerischer Schatz fehlt jedoch: das dreiteilige Altarbild „Golgatha", das Lovis Corinth, der größte Sohn der Stadt, 1910 gemalt hatte. Seit der Auslagerung 1944 ist es verschollen. Rechts ein Blick in die Kittlausstraße.

Markt mit Abzweigung Altstraße. An der Stelle des neuen Eckgebäudes rechts war früher „Kaisers Kaffeegeschäft".

Rechte Seite oben: Die Nordfront des Marktes vom Anfang der Schleusenstraße in Richtung Kirche gesehen.

Rechte Seite unten: Vom Markt zweigt die Bergstraße ab, die bis hinunter an die Deime führt, dorthin, wo sie sich vom Pregel trennt.

Stattliche Häuser, die von früherer Wohlhabenheit zeugen, sind noch immer im Tapiau von heute zu finden. Manchmal sind sie gepflegt und glänzen in frischer Farbe, wie bei dem Gebäude auf dem Bild oben in der Bahnhof-Straße; andere sind von Vernachlässigung und Verfall gezeichnet, so die einstige Villa in der Neustraße (unten).

Das Rathaus in der Altstraße. Der Neubau mit dem mächtigen Frontgiebel wurde nach dem Ersten Weltkrieg trotz Inflation errichtet und 1922 zum 200jährigen Stadtjubiläum seiner Bestimmung übergeben.

Der Ziegelbau mit dem Türmchen war das Verwaltungsgebäude der Heil- und Pflegeanstalt am Ende der Neustraße. Rechts geht es auf das Gelände der Anstalt, links in die Gartenstraße.

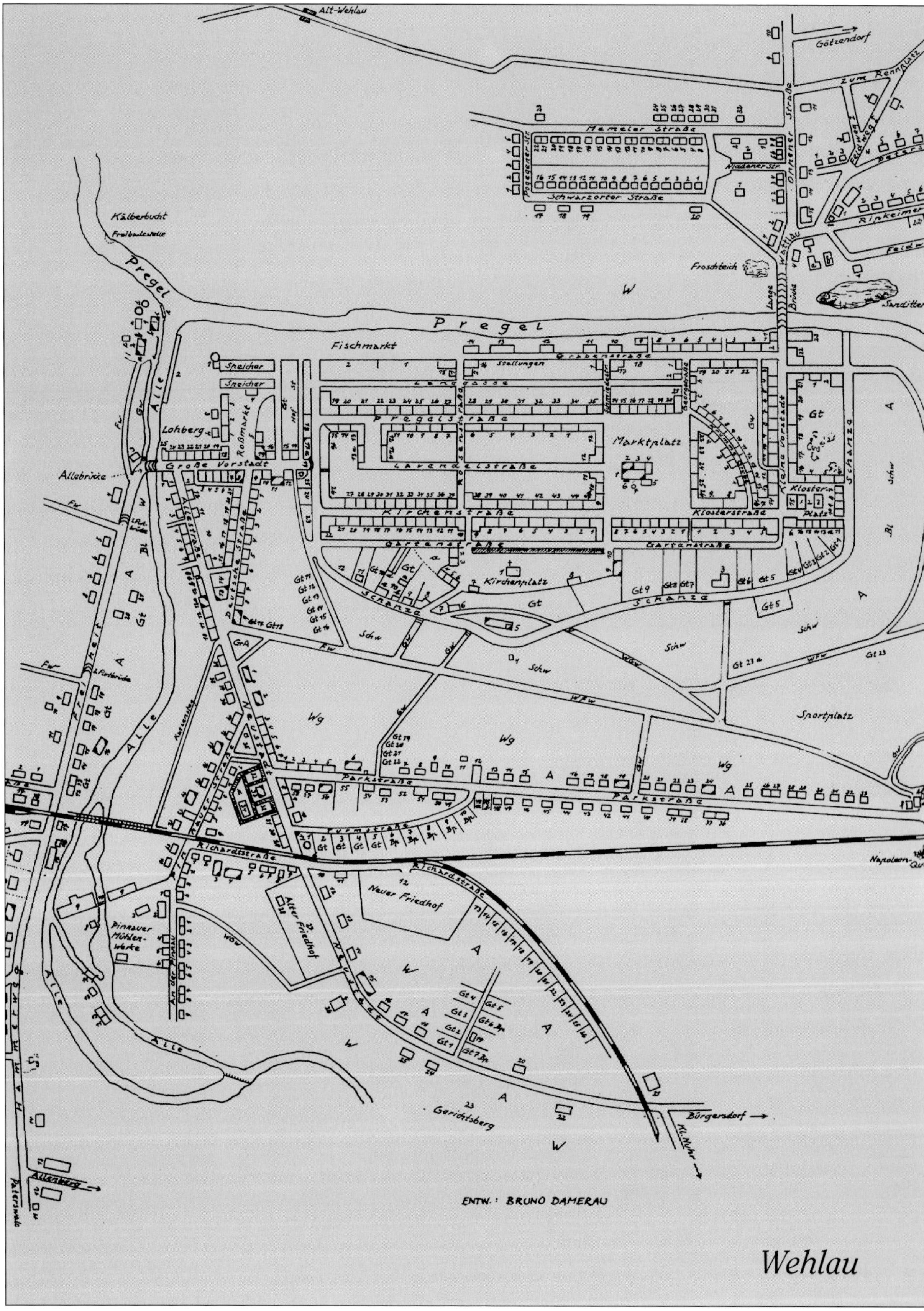
Alt-Wehlau
Götzendorf
zum Rennplatz
Memeler Straße
Schwarzorter Straße
Pogegener Str.
Niddener Str.
Ohnener Straße
Rinkeimer
Feldweg
Kälberbucht
Freibadestelle
Pregel
Froschteich
Lange Wattlau Brücke
Sanditter
Fischmarkt
Speicher
Stallungen
Grabenstraße
Langgasse
Pregelstraße
Lohberg
Roßmarkt
Große Vorstadt
Allebrücke
Lavendelstraße
Marktplatz
Kleine Vorstadt
Schanze
Kirchenstraße
Klosterstraße
Klosterplatz
Gartenstraße
Kirchenplatz
Sportplatz
Parkstraße
Turmstraße
Richardstraße
Napoleon-Quelle
Neuer Friedhof
Alter Friedhof
Pinnauer Mühlenwerke
Alle
Gerichtsberg
Bürgersdorf
Kl. Nuhr
Allenberg
ENTW.: BRUNO DAMERAU

Wehlau

Wehlau (Znamensk): Die alte Kreisstadt gibt es nicht mehr. Nur noch die Ruine der Pfarrkirche (links) erinnert daran, daß hier einmal das Zentrum eines Gemeinwesens mit 8538 Einwohnern (1939) war. Die dreischiffige Hallenkirche St. Jacobi, vermutlich aus dem Jahre 1380, wurde zu den bedeutendsten Schöpfungen der Ordensgotik gerechnet. Der vierkantige Turm hatte eine Höhe von 52,2 Metern. Oben: Blick über die Pregelbrücke auf das Wehlau von einst mit St.-Jacobi-Kirche und Rathaus.

Oben: Das Innere der Jacobikirche – ein erschütterndes Denkmal gegen Krieg und Zerstörung.
Rechts: Einfahrt nach Wehlau von Norden her. Die früher mit Holzbohlen belegte rund 300 Meter lange Brücke hat jetzt eine Asphaltdecke. Sie führt in die Kleine Vorstadt. An ihrer Ecke zur Grabenstraße sind rechts gleich hinter der Brücke einige alte Häuser zu sehen, die ersten mit rotem Dach. Dort, wo rechts davon eine Baumreihe am jenseitigen Pregelufer zu erkennen ist, waren früher die Gebäude der Grabenstraße und ihre Hinterhöfe.

Leere Flächen, einige Neubauten und kaum noch ein altes Haus – das ist Wehlau jetzt. Ein Blick auf die Gartenstraße ostwärts. Links davon waren Markt, Klosterstraße, Kloster-Platz und Kleine Vorstadt.

Eisenbahnüberweg auf der Straße nach Paterswalde.
Die Gleisabzweigung rechts führt zum Güterbahnhof. Das große rote Gebäude im Hintergrund ist die Deutschordensschule, Realgymnasium, bezogen im Herbst 1929. Links der Bahnstrecke ragt der Wehlauer Wasserturm aus den Bäumen.

Paterswalde (Bol'šaja Poljana): Die neuromanische Kirche aus dem Jahre 1877 steht noch, aber sie ist verändert, vernachlässigt, zweckentfremdet (links). Der Turm ist von Geschoßeinschlägen gezeichnet, die Fenster sind zugemauert. Ein großer Holzschuppen davor verrät, daß das einstige Gotteshaus nun Bestandteil eines Düngemittellagers ist. – Oben: Der Fachwerkstall aus alter Zeit in der Nähe ist ebenfalls nicht im besten Zustand. Dahinter ein Silo.

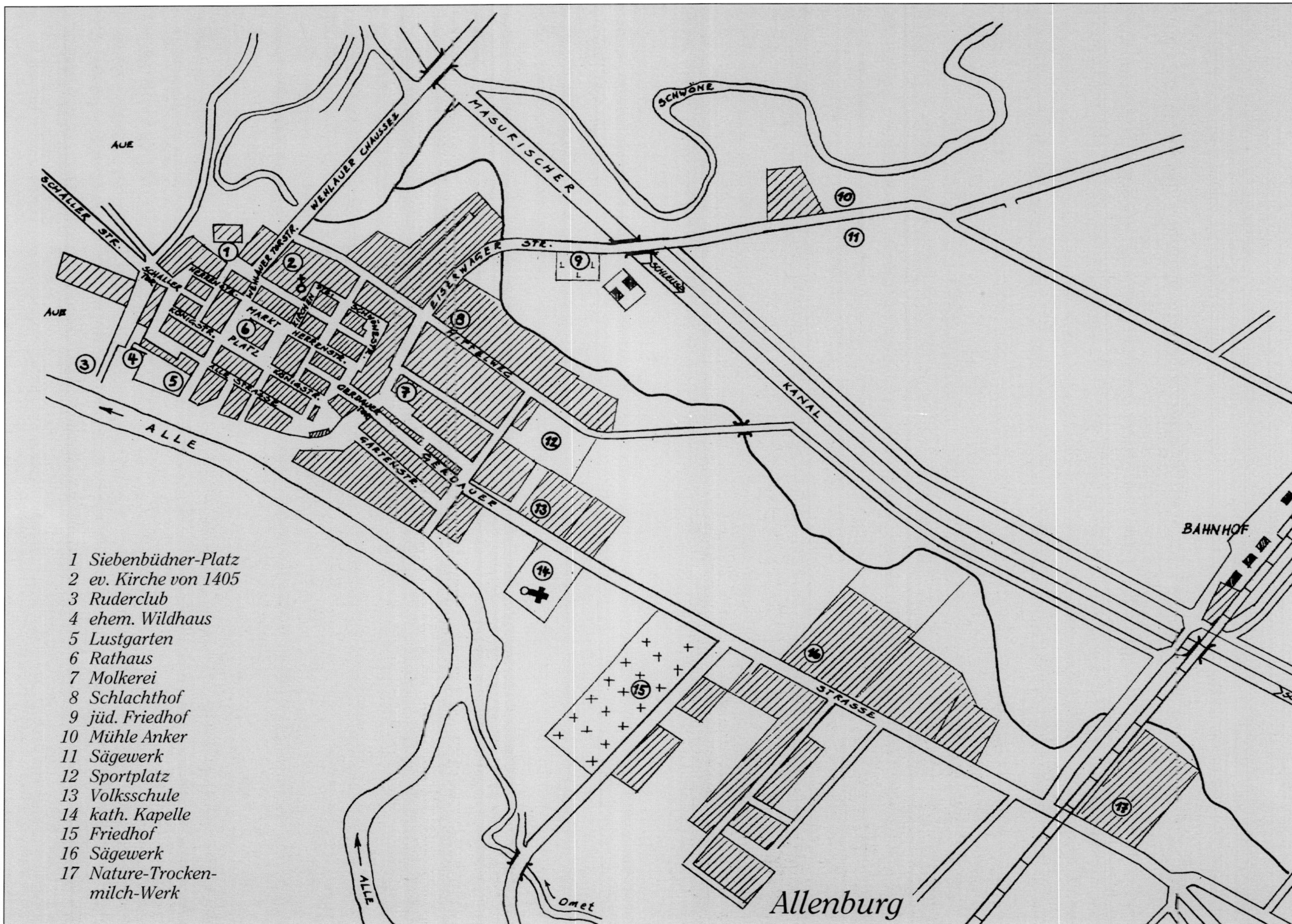

Allenburg
1 Siebenbüdner-Platz
2 ev. Kirche von 1405
3 Ruderclub
4 ehem. Wildhaus
5 Lustgarten
6 Rathaus
7 Molkerei
8 Schlachthof
9 jüd. Friedhof
10 Mühle Anker
11 Sägewerk
12 Sportplatz
13 Volksschule
14 kath. Kapelle
15 Friedhof
16 Sägewerk
17 Nature-Trocken-milch-Werk
AUE
SCHALLER STR.
WEHLAUER CHAUSSEE
MASURISCHER
SCHWÖNE
KANAL
SCHLEUSE
MARKT
PLATZ
HERRENSTR.
KÖNIGSTR.
GARTENSTR.
GERDAUER
STRASSE
ALLE
BAHNHOF
Omet

Allenburg (Družba): Die Kirche (oben) ist zu einer Lagerhalle geworden. Der Ostgiebel stammt aus den Jahren 1400 bis 1405, als die Kirche errichtet wurde. Früher stand die Kirche im Norden des aufstrebenden Städtchens mit 2800 Einwohnern. Die Nordwand war in die Stadtmauer einbezogen. Das Bild links zeigt die Kirche und den westlichen Marktplatz etwa vom gleichen Standpunkt aus gesehen hinter dem Geschäftshaus von Paul Quednau. Rechts das Rathaus mit den Laubenbögen.

Hier stand einmal Allenburg. Oben: Blick von der Ecke Marktplatz/Königstraße über den Markt etwa in Richtung Gerdauer Straße. Nur das Pflaster blieb übrig. Rechts: Lediglich ein altes Haus ist neben wenig ansehnlichen Neubauten vom Standpunkt Markt in der Gegend Alle-Straße zu entdecken.

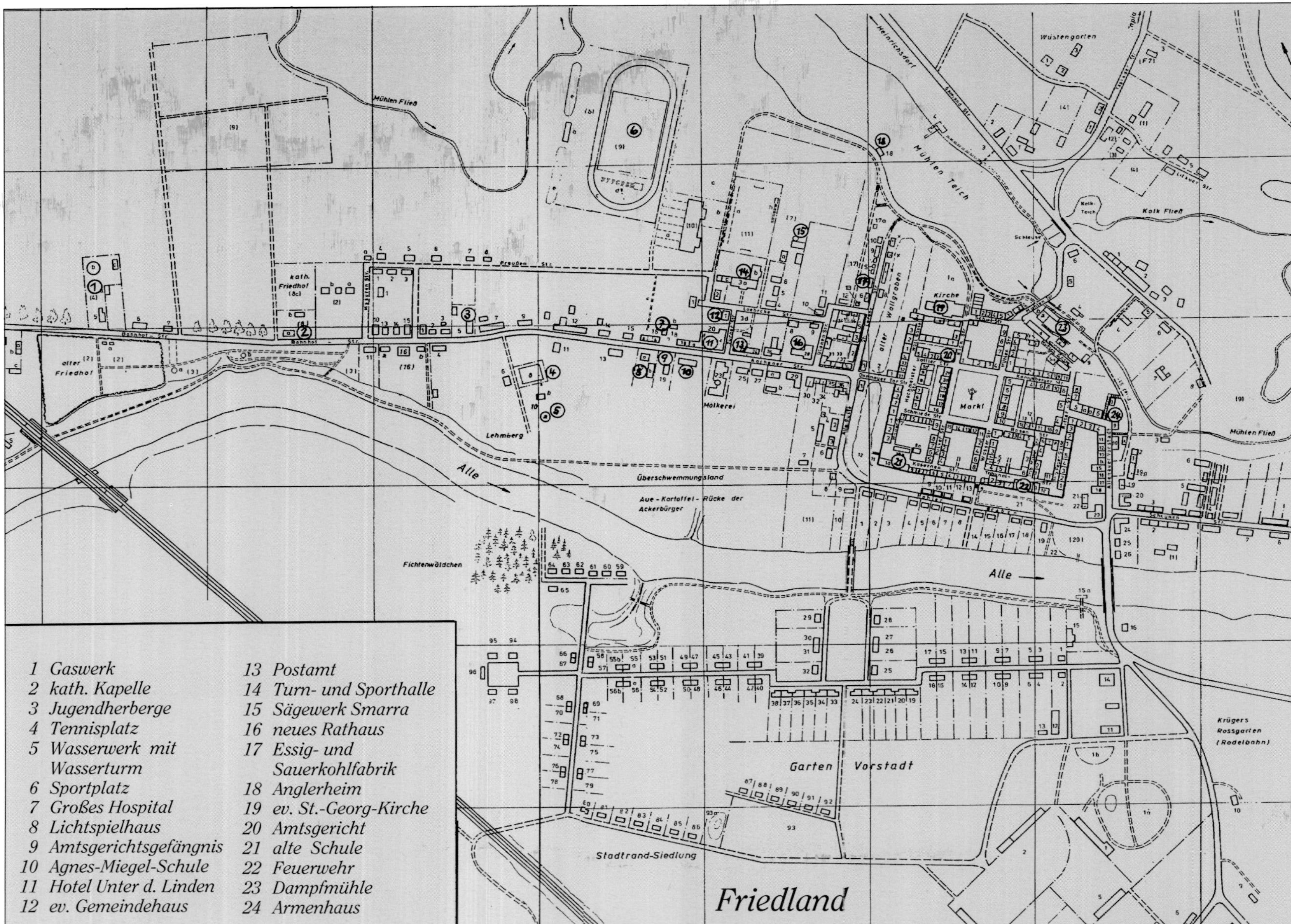
Friedland
Alle
Mühlen Teich
Mühlen Fließ
Kalk Fließ
Wüstengarten
Heinrichsdorf
Markt
Kirche
alter Wallgraben
Überschwemmungsland
Aue - Kartoffel - Rücke der Ackerbürger
Fichtenwäldchen
Lehmberg
Mölkerei
alter Friedhof
kath. Friedhof
Garten Vorstadt
Stadtrand-Siedlung
Krügers Rossgarten (Rodelbahn)
1 Gaswerk
2 kath. Kapelle
3 Jugendherberge
4 Tennisplatz
5 Wasserwerk mit Wasserturm
6 Sportplatz
7 Großes Hospital
8 Lichtspielhaus
9 Amtsgerichtsgefängnis
10 Agnes-Miegel-Schule
11 Hotel Unter d. Linden
12 ev. Gemeindehaus
13 Postamt
14 Turn- und Sporthalle
15 Sägewerk Smarra
16 neues Rathaus
17 Essig- und Sauerkohlfabrik
18 Anglerheim
19 ev. St.-Georg-Kirche
20 Amtsgericht
21 alte Schule
22 Feuerwehr
23 Dampfmühle
24 Armenhaus

Friedland (Pravdinsk): Immer noch anheimelnd ist der Blick über die Alle von der Brücke auf Allenauer Vorstadt (oben). Das große helle Gebäude gehörte Familie Arnsdorf, rechts die Gärtnerei Peter. – Unten: Auch jenseits des Mühlenteichs stehen einige alte Häuser, so daß von Tierarzt Richter. Rechts die Kreuzung mit dem Weg über Kleinbahnhof nach Tapiau.

Am Markt nimmt der klotzige Neubau für die Verwaltung der Stadt und des Rayons (Kreis) Pravdinsk fast die ganze Westseite ein. Früher standen dort die Häuser Preuss, Riess, Galandi und andere, an der linken Ecke das schöne Laubenhaus.

Rechte Seite oben: Die linke Marktseite. Das Eckhaus zur Pulverstraße beherbergte die Kreissparkasse und Zahnarzt Stahlbaum. Heute ist dort ein Ladengeschäft. Daneben war früher Kaufmann Klein.

Rechte Seite unten: Die rechte Marktseite (zur Kirche hin – Hintergrund links) mit den Häusern von Kaufmann Joseit und Karpinksi, Korsch (Kaisers Kaffeegeschäft) und Naujok – fast so wie früher.

ФОТОГРАФИЯ ПРОКАТ

Oben: In der Schulstraße wirkt manches wie in der Gasse von einst.

Links: Einige Gebäude stehen auch noch am Wallgraben in der St. Lorenz Straße. Der Fachwerkgiebel rechts dürfte zum Haus Prawitt (Ostmark Brauerei) gehören.

Rechte Seite: Die St. Georg Kirche vom Mühlenteich aus gesehen. Links davon Tischlerei Stadie mit Lager.

Gepflegtes altes Haus in der Mühlenstraße.

Rechte Seite: In der Aachener Straße zeugen noch einige Häuser von einstiger Wohlhabenheit, so diese beiden mit den auffallenden Giebelfronten und Dachkonstruktionen. Oben vermutlich der Besitz von Rechtsanwalt Meyer, unten Villa Vonsee.

ТЕЛЕФОН
ПОЧТА

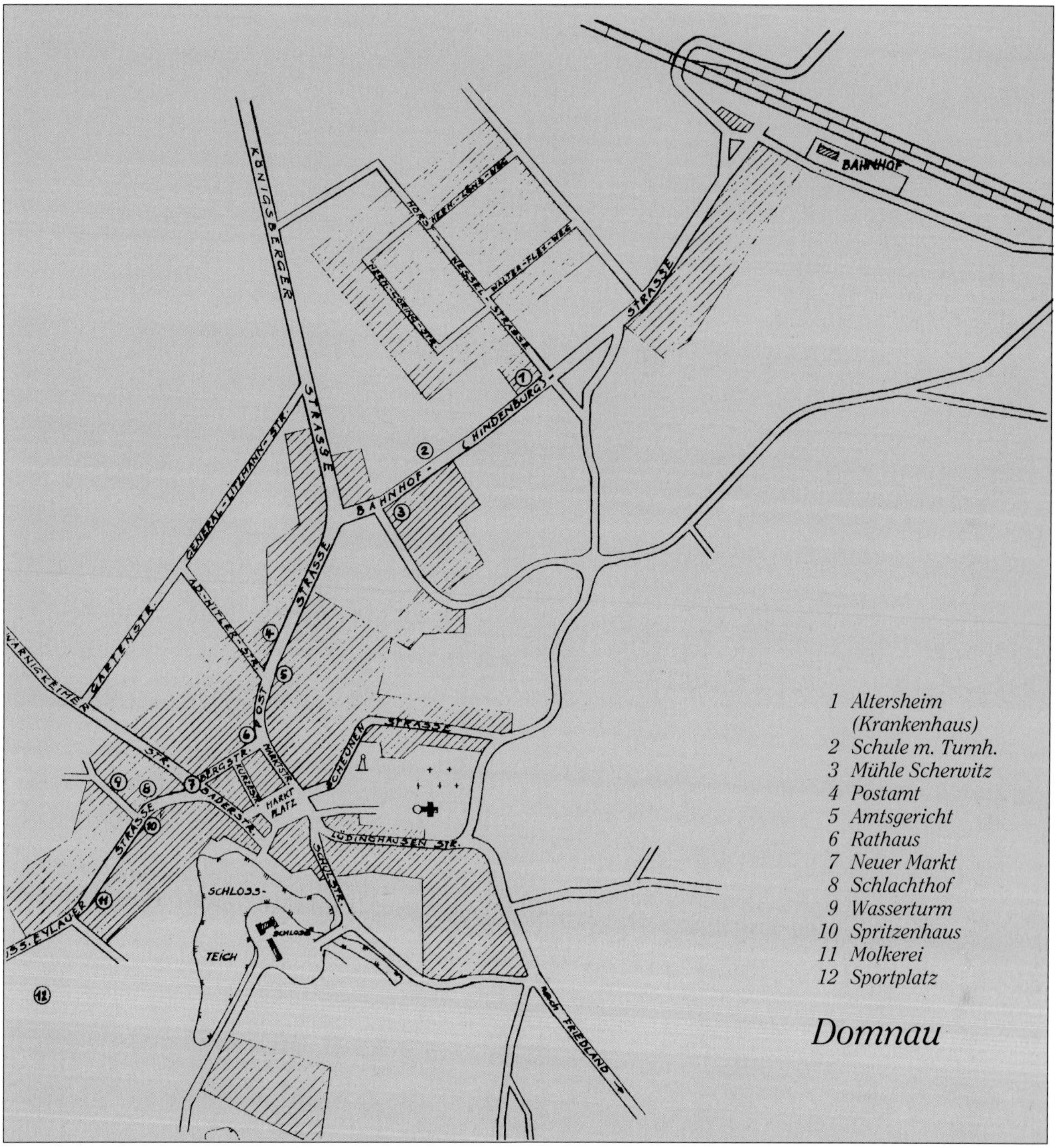

Rechte Seite: Domnau (Domnovo): Das Zentrum des idyllischen 3000-Einwohner-Städtchens gibt es nicht mehr. Dort, wo einmal der Markt mit seinen Laubenhäusern die besondere Zierde der Ansiedlung am Flüßchen Gertlack war, ist nun eine kahle Fläche. Baumstämme lagern da. Der suchende Blick entdeckt hinter Neubauten etwa in Höhe Neuer Markt nur zwei rote Dächer alter Gebäude, wohl an der Warnigkeimer Straße, und den erhaltenen Wasserturm, wo früher die Schrebergärten zwischen Pr. Eylauer und Warnigkeimer Straße waren. Die Orientierung ist deswegen besonders schwer, weil selbst der Verlauf der Straßen nicht mehr zu erkennen ist.

Rechte Seite unten: Die alte Ansicht zeigt, wie Domnau einmal wirklich aussah.

Die Alte Schule, zuletzt Mittelschule, in der Schulstraße, die auch zu Schloßteich und Schloß führte. Dort, wo Kühe im hohen Gras und Unkraut weiden, war früher das Grundstück der bekannten Gaststätte Mintelowski.

Rechte Seite oben: Das einzige am Markt erhaltene Haus beherbergt ein Lebensmittelgeschäft. Es stand an der Ecke Teichstraße, die zum Schloß führte. Auf der alten Ansicht (vorige Seite) ist es mit seinem Dachausbau in der Bildmitte links zu erkennen. Rechts davon waren Kreissparkasse und ein Papierwarengeschäft. Die Ruinen dahinter auf dem Foto von heute waren damals Häuser an der Baderstraße.

Rechte Seite unten: Eines der wenigen Häuser im inneren Stadtbereich, das stehengeblieben und relativ gut erhalten ist. Sein Bewohner, der sich gemütlich auf den Staketenzaun stützt, fühlt sich wohl dort, wie er erklärt.

Nahezu unverändert ist auch dieses Wohnhaus an der Königsberger Straße zu sehen, in dem unter anderen Familie Kleinert lebte.

Rechte Seite oben: Fast wie ein Bild auf einer alten Ansichtskarte. Die Poststraße mit dem Gebäude der Raiffeisenkasse im Vordergrund. Aufgestockt dahinter das Doppelhaus Poststraße 2 von Schmiedemeister Wiedwald und Bauer Klinger. Die Schmiede stand schräg gegenüber. Zwischen den Bäumen ist im hellen Anstrich die Ecke des Postamts zu erkennen. Rechts zeigt ein Schild an „Domnauer Kulturhaus". Dort war früher das Amtsgericht.

Rechte Seite unten: Der große Gebäudekomplex der Mühlenwerke Scherwitz an der Hindenburgstraße hat den Krieg und die Jahrzehnte danach gut überstanden. Dazu gehört auch das Wohnhaus für dort Beschäftigte. Geschäftsführer Joachim hatte da sein Domizil. Am Giebel ist noch die Schrift zu erkennen: „Mühlenwerke Scherwitz Getreidehandlung Lager von (unleserlich) Futter und Düngemitteln".

ДОМ
КУЛЬТУР

MÜHLENWERKE

Uderwangen (Cechovo): Manche Bauten in dem immer noch vergleichsweise betriebsamen Ort sind erhalten und gepflegt, so die Schule. Dort wird, wie ein Schild ausweist, in acht Klassen unterrichtet. Der Storch in seinem Nest hoch auf dem Giebel des Querhauses scheint sich wohlzufühlen.

Rechte Seite: Die Kirche aus dem Ende des 14. Jahrhunderts mit dem kantigen, mit vielen Blenden verzierten Turm war früher ein Schmuckstück des großen Marktfleckens im Nordosten des Kreises Pr. Eylau. Jetzt wirkt die brüchige, mit Bäumen und Sträuchern bestandene Ruine wie ein provozierendes Mahnmal gegen Krieg und sinnlose Zerstörung.

Abschwangen (Tišino): Die alte Ordenskirche, erbaut in der zweiten Hälfte des 14. Jahrhunderts, ist ebenfalls verfallen und kaum noch wiederzuerkennen. Der hohe Holzturm mit der Haube fehlt ganz. Der Eingang aus dem Mittelalter ist jedoch ebenso noch zu sehen wie die gleichalten Strebepfeiler. Im Hintergrund rechts lassen neue Häuser im Einheitsstil erkennen, daß das Leben in dem einst großen und schönen Ort weitergeht.

Borchersdorf (Selenopolje): Die Kirche aus dem Jahre 1735, aufgebaut auf den Fundamenten der früheren Ordenskirche, gehört – wie der Holzschuppen ahnen läßt – zu einer Sowchose. Ihr klangvoller Name „Grünenfeld". Die Kuppel des Kirchturms ist zerstört, vermutlich von einer Granate getroffen.

Tharau (Vladimirovo): Die beiden jungen Einwohnerinnen mit den Kinderwagen am Kirchenhang wissen kaum, daß in dem tristen Bau hinter ihnen einmal das bekannte Gasthaus „Zum Goldenen Kürbis" war. Letzter Pächter: Emil Ludwig.

Rechte Seite: Ein großer Augenblick für die bekannte und traditionsreiche Kirche! Am Sonntag, dem 10. Juni 1990, singt ein Moskauer Chor in der aufgeräumten Ruine das „Halleluja". Zeichen für den Beginn der Restauration des Gotteshauses. Namhafte Persönlichkeiten und unbekannte Neubürger helfen mit, den aus dem Jahre 1350 stammenden Bau wiederherzurichten. Hier wirkte der Pfarrer Andreas Neander, dessen Tochter als „Ännchen von Tharau" in die deutsche Liedgeschichte einging.

Wittenberg (Nivenskoe): Dieser auffällige Bau steht an der Straße nach Königsberg. Im Giebelschmuck ist die Jahreszahl 1952 zu lesen. Neubau oder völlig veränderte Vorderfront eines alten Hauses? Fest steht, daß hier jetzt eine Mittelschule ist.

Rechts: In der Siedlung Wittenberg links von der Straße nach Schönmohr – Borchersdorf sehen manche Straßenzüge fast unverändert aus.

Mühlhausen (Gvardejskoe): Eine der ältesten und wohl schönsten Landkirchen Ostpreußens (erbaut um 1350) dient jetzt als Lagerplatz für Geflügelfutter. Die Berge von Getreide reichen bis zu der Stelle vor dem Altarplatz, wo Margarete von Kunheim, die Tochter Martin Luthers, mit ihrer Familie begraben liegt.

Das Pfarrhaus von Mühlhausen, letzter Bewohner Pfarrer Otto Nikotowski. Heute ist dies der Sitz des Dorfsowjets.

Rechte Seite: Verblassende Reststücke der Kirchendecke mit den einst so markanten Ornamenten (unten) und Heiligenbildern lassen kaum noch ahnen, wie prachtvoll einst die Mühlhauser Kirche ausgestattet war (oben). Das Barock-Schnitzwerk schuf Isaak Riga, die Bemalung Gottfried Hintz. Gemälde von Lukas Cranach dem Älteren beziehungsweise Lukas Cranach dem Jüngeren zeigten Martin Luther und Margarete, seine Tochter.

Romitten (Slawjanawka): Das Schloß der Familie von Kalckstein steht noch an der gleichen Stelle; doch es hat seine Gestalt fast bis zur Unkenntlichkeit verändert. Der zweiflügelige imposante Bau mit dem abgewalmten Dach ist zu einem riesigen Klotz geworden, der jeden Schmuck vermissen läßt. Alte Bauteile wurden an anderer Stelle wiederverwendet, so beim Eingang (Bild) und am Südflügel. Ein Brand in den siebziger Jahren mag dafür mit eine Ursache gewesen sein. Der mit seinen Besitzern weithin bekannte Herrschaftssitz ist zu einer auch im Inneren aller Schönheit beraubten „Mietskaserne" geworden.

Rechte Seite: Das Schloß heute (oben) und damals (unten) aus der gleichen Perspektive.

Das Schuldorf Naunienen, ebenso wie Kniepitten und Sossehnen in der Nachbarschaft, existiert nicht mehr. Nur noch ein Stallgebäude auf dem Hof von Adolf Zantop ist zu sehen (rechts). – Oben: Ein Blick von der Brücke über die Beisleide. Hohes, wucherndes Gras und Unkraut an einem kleinen Rinnsal, wo einst fette Weiden am munter dahinfließenden Flüßchen waren. Keine Spur mehr von der Schule mit Lehrerwohnungen und den kleineren Häusern am Wege nach Pieskeim (links). Teile des alten Zaunes stehen noch. Auf dem Sportplatzgelände Kolchosenställe.

Gr. Sausgarten (Bereżowka): Das „Postkarten-Dorf" gibt es nicht mehr. In der Reihenfolge der Ansichtsfotos von damals (rechts oben): Linke Seite oben: Gasthaus und Kolonialwarenhandlung von Wilhelm Lemke, zuletzt Schwarz, eingezäunt, fast zugewachsen und stark verfallen. – Linke Seite unten: Vom großen Gutshaus mit den mächtigen Linden davor, letzter Besitzer Fritz Peitsch, blieb nichts erhalten. Ein besonders erschütternder Anblick für den Autor; denn hier war sein Elternhaus. – Vorletzte Seite (157): Von der Molkereigenossenschaft blieb nur ein Teil des Schornsteins stehen. – Rechts: Das schönste Bauernhaus, das Gustav Zuch gehörte und in dem auch die Poststelle war, ist zu einem erbärmlichen Torso geworden.

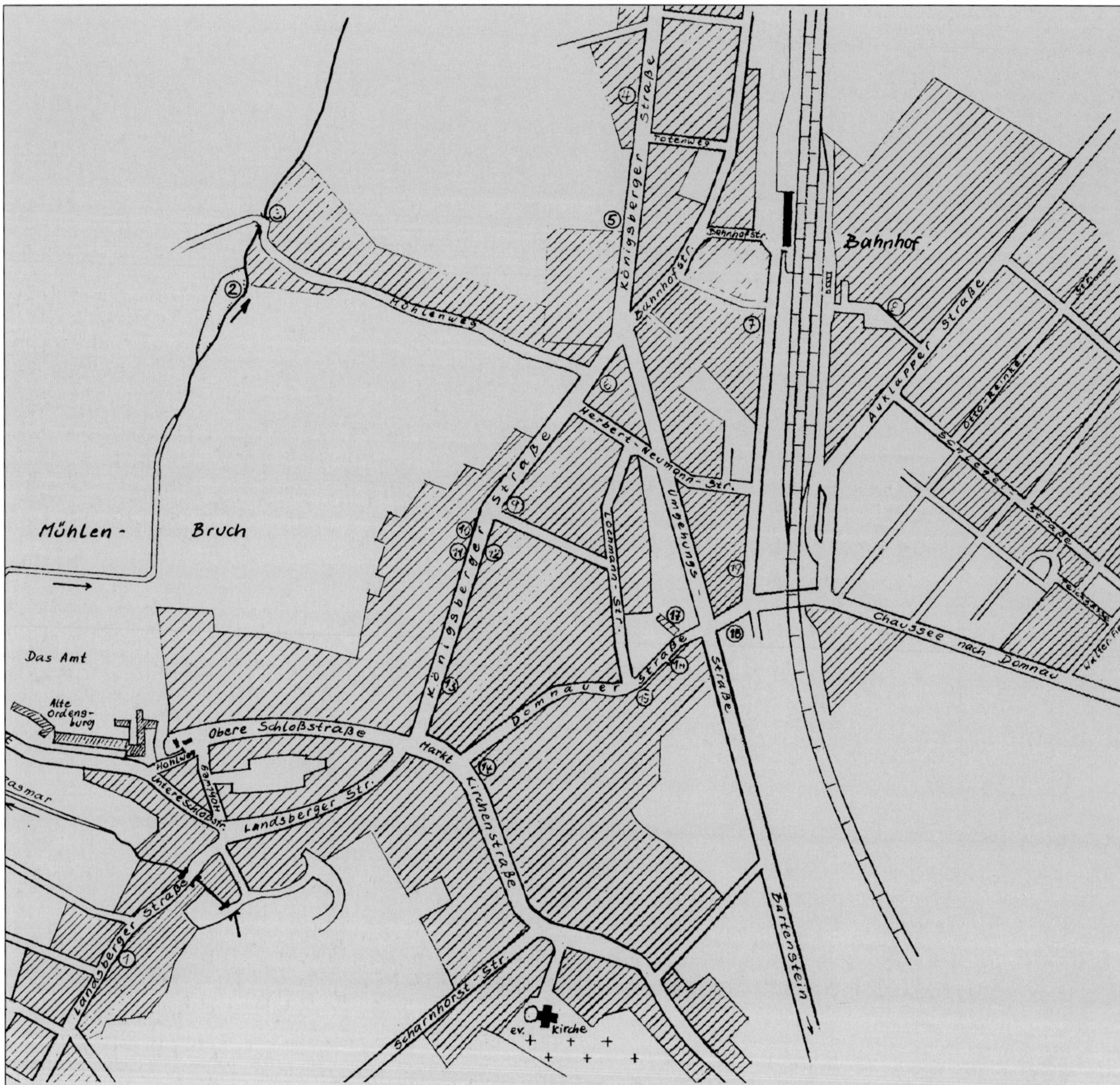

Pr. Eylau

1 Oberschule
2 Mühlenteich
3 Dampfmühle Schdwinkel
4 Schlachthof
5 Dampfmolkerei
6 Kath. Kapelle
7 Faßfabrik Taulien
8 Obstverwert. Gen.
9 Mittelschule
10 Amtsgericht
11 Postamt
12 Kreisjugendhaus, Landwirtsch. Schule
13 Kreishaus
14 Rathaus
15 Kreisbauamt
16 AOK
17 Feuerwehrdepot
18 Siechenhaus
19 Gasanstalt

Pr. Eylau (Bagrationovsk): Die alte Stadt am Pasmar sucht man vergebens. Aber auch der neue Ort hat ein Gesicht. Am Markt (rechte Seite oben) gibt es keinen alten Bau mehr. Etwa an der Stelle, wo früher der Wegweiser war, steht ein Denkmal für Fürst Bagration, einem Feldherrn der russischen Truppen in der Schlacht bei Pr. Eylau gegen Napoleon. Seinen Namen trägt auch das neue Hotel (hinten links) an der Ecke zur Domnauer Straße. Hinten Mitte: Neubauten an Stelle von Rathaus und „Capitol"-Kino.

Rechte Seite unten: Ein vierstöckiger Neubaukomplex nimmt die ganze Südseite des Markts ein, von Kaufmann Obermüller (Groddeck) bis hinter Bunzel, Elektrowaren.

БАГРАТИОН
ПЕТР ИВАНОВИЧ

ГАСТРОНОМ
ХЛЕБ
СОКИ-ВОДЫ
КОЛБАСА
СЫР
ОВОЩНЫЕ КОНСЕРВЫ
ГАСТРОНОМИЯ

Oben links: Das Landratsamt ist eines der bedeutenden Gebäude der Stadt, die den Krieg mit den schweren Kämpfen in diesem Gebiet und die nachfolgende Zeit gut überstanden haben. Mehr denn je ist der Ziegelbau mit Türmchen und Ziergiebel, der aus dem Jahre 1900 stammt, der Blickfang in der Königsberger Straße, die sehr lückenhaft geworden ist. Schilder weisen aus, daß hier ein Wahllokal ist.

Oben rechts: Fast scheint es, als ob in der Königsberger Straße nur die bekannten Gebäude die böse Zeit überdauert haben. Dazu zählen die Nachbarn Postamt (vorne) und Amtsgericht. Wie der blaue Briefkasten erkennen läßt, ist auch heute die Post dort untergebracht. An den Häusern werden gerade Reparaturarbeiten durchgeführt, was auch dringend nötig ist, wie die Giebelseite der Post zeigt.

Rechte Seite oben: Gegenüber ist ebenso noch das Kreisjugendhaus zu sehen, in dem auch die Landwirtschaftsschule untergebracht war. Die fünf ausgebauten Dachfenster fehlen, der Eingang geht durch den verandaartigen Vorbau; aber sonst ist es fast der alte Bau aus den Jahren 1926/27.

Rechte Seite unten: Die Kreissparkasse blieb als einziges Gebäude in unmittelbarer Marktnähe erhalten. In dem 1930 erbauten Haus, am Anfang der Königsberger Straße, hat sich die Staatsbank eingerichtet.

Der Bahnhof sieht freundlich und einladend aus. Züge gehen aber nicht mehr in Richtung Bartenstein, das jenseits der Grenze zum polnischen Bereich gehört. Die Vorderfront ist an den Fenstern leicht verändert. Das Dach ist flach geworden. Und die Linde vor dem Eingang hat mächtig ausgeladen.

Rechte Seite oben: Die am südlichen Stadtrand gelegene Kirche aus den Baujahren 1335 bis 1345 gibt es nicht mehr. Den Platz haben Neubauten einer Genossenschaftsfirma eingenommen. Und an der Stelle etwa, wo vorher das Ehrenmal für die Gefallenen des Ersten Weltkrieges war, steht heute auf wuchtigem Sockel eine Büste von Karl Marx, in Richtung Stadt blickend. Das offenbar aus alter Zeit stammende Haus ganz links könnte das Pfarrhaus gewesen sein.

Rechte Seite unten: Der Wasserturm ragt wie eh und je weit über seine Umgebung mit Patenschaftshaus und Reichshaus hinaus. Eine Weiterfahrt in Richtung Kirchenstraße – Markt ist nicht möglich. Eine Zufahrt gibt es nur über die Umgehungsstraße.

Oben: Die Scharnhorstschule macht einen gepflegten und nahezu unveränderten Eindruck. Sogar die Hausnummer 57 (Landsberger Straße) stimmt noch. Das 1861 eingeweihte Gebäude hatte zuerst ein Lehrer-Seminar beherbergt und ab 1922 die Aufbau-Oberschule. Heute sind dort Stadtverwaltung und Rayon(Kreis)-Polizei untergebracht. Die Aula dient als Sitzungssaal.

Rechts: Wilhelm-Augusta-Siechenhaus, vom Kaiserpaar 1882 gestiftet, ist Krankenhaus.
An diesem Bau ist keine Veränderung sichtbar.

Das „L'Estocq-Denkmal" im stillen, fast feierlich anmutenden Buchenhain an der Straße nach Bartenstein steht unverändert auf dem Hügel. Es erinnert an die Schlacht bei Pr. Eylau am 7. und 8. Februar 1807, als Preußen und Russen dem großen Napoleon in verlustreichen Kämpfen ein Unentschieden abtrotzen, das fast zum Sieg gereicht hätte. Am 12. September 1856 war in Gegenwart des Königs Friedrich Wilhelm IV. der Grundstein zu dem 10,60 Meter hohen Denkmal gelegt worden. Zur Einweihung 1857 erschienen auch Abordnungen russischer Regimenter. Der kunstvoll gegliederte gotische Turmbau aus Sandstein, der auch das Bildnis des russischen Befehlshabers, General von Bennigsen trägt, hat die Inschrift: „Dem glorreichen Andenken L'Estocqs, Diereckes und ihrer Waffengefährten" (Abbildung links oben). An die Beteiligung der russischen Verbände erinnert jetzt eine in Stein gehauene Tafel innerhalb der Umzäunung (links unten). Ihre Inschrift lautet: „Zum Andenken an die Schlacht bei Pr. Eylau 7.–8. Februar 1807. Der Mut und das Heldentum russischer Soldaten in dieser Schlacht haben den Vormarsch der napoleonischen Truppen zu den Grenzen Rußlands gestoppt."

Straßenkreuzung Landsberger und Untere Schloßstraße. Links das Haus, in dem Klempner Augustat sein Geschäft hatte. Ganz links ist noch ein Schaufenster von einst zu erkennen.

Rechts: Der Stall der Burg an der Freiheit. Die gewaltigen Mauern erinnern immern noch an die in den Jahren 1325 bis 1330 entstandene Ordensfeste. Das auf den Grundmauern der Burg erbaute Gutshaus war seit 1932 Heimatmuseum. Das „Amt" genannte Gelände gehörte zum Gut Henriettenhof des bekannten Vieh- und Kaltblutpferdezüchters Arthur Valentini.

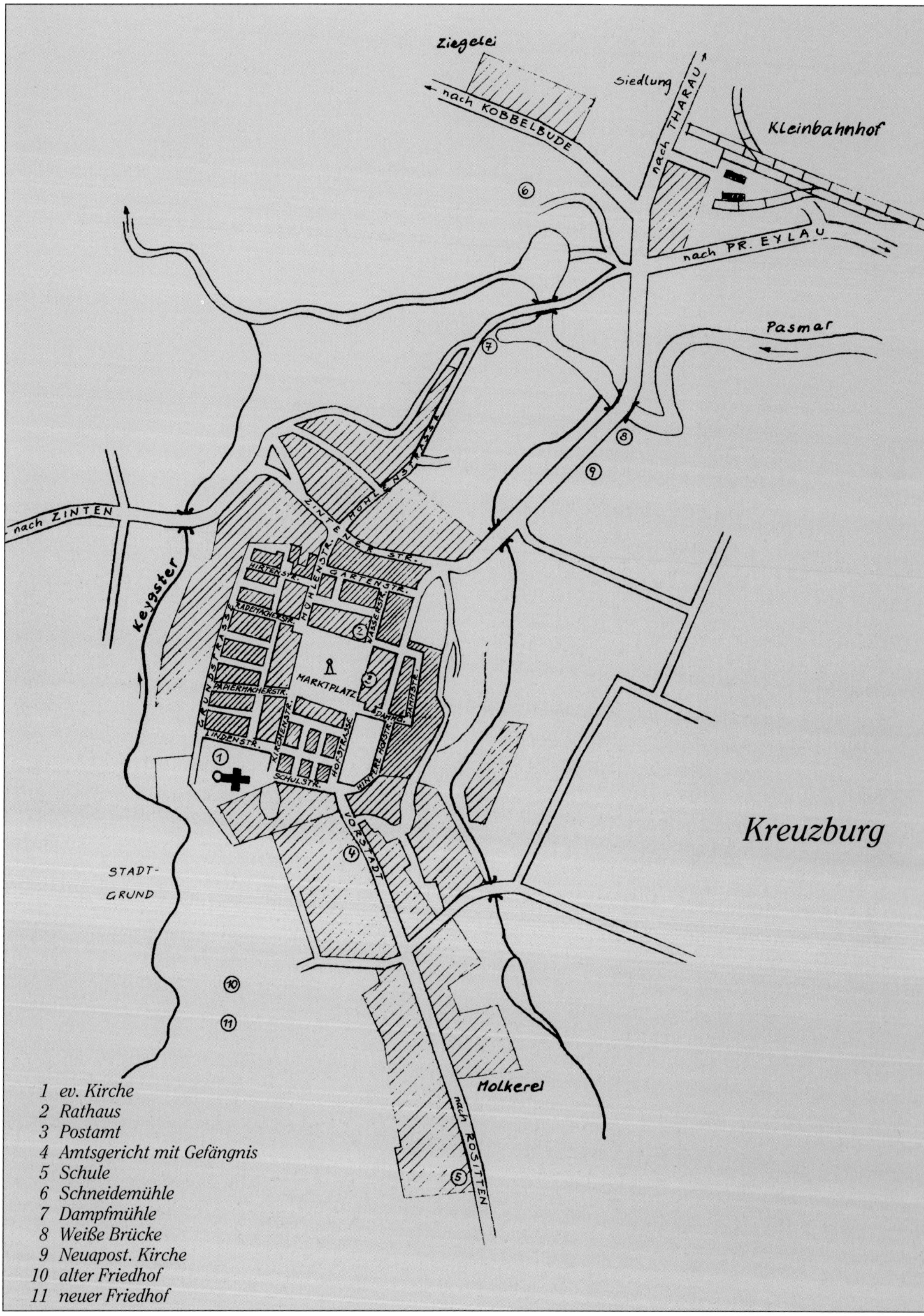
Ziegelei
Siedlung
nach KOBBELBUDE
nach THARAU
Kleinbahnhof
nach PR. EYLAU
Pasmar
nach ZINTEN
Keygster
ZINTENER STR.
HIRTENSTR.
GARTENSTR.
MÜHLENSTR.
WASSERSTR.
MARKTPLATZ
PAPIERMACHERSTR.
LINDENSTR.
KIRCHENSTR.
HOFSTRASSE
SCHULSTR.
VORSTADT
STADT-GRUND
Molkerei
nach ROSITTEN
Kreuzburg
1 ev. Kirche
2 Rathaus
3 Postamt
4 Amtsgericht mit Gefängnis
5 Schule
6 Schneidemühle
7 Dampfmühle
8 Weiße Brücke
9 Neuapost. Kirche
10 alter Friedhof
11 neuer Friedhof

Kreuzburg (Slavskoe): Das einst schöne 2000-Einwohner-Städtchen Kreuzburg gibt es nicht mehr. Sein Kern wurde in den schweren Kämpfen im Heiligenbeiler Kessel fast völlig vernichtet. Nur ein paar Häuser überstanden das Inferno und die nachfolgende Zeit. Von dem schönen Turm der Pfarrkirche aus dem Anfang des 14. Jahrhunderts mit seinem achteckigen Oberbau steht nur noch ein Rest des unteren quadratischen Mauerwerks. Eine trostlose Erinnerung an das einst blühende Gemeinwesen. Wäsche flattert im früheren Pfarrgarten.

Wo einmal das dichtbebaute Zentrum der Stadt war mit Marktplatz, Kirchen-, Schul- und Hofstraße, türmen sich Mauerreste, Steinbrocken, Bretter und Stangen. Auf der einen Seite – etwa Kirchenstraße in Richtung Papiermacherstraße und Markt stehen ein paar der typischen flachen Neubauten (linke Seite oben); auf der anderen Seite – in Richtung Hofstraße – ist noch ein altes Haus übriggeblieben (rechte Seite oben).

Linke Seite unten: In der Straße Vorstadt, wenn man aus Richtung Süden, Stablack, in die Stadt kommt, stehen noch ein paar Häuser, die aber schwer wiederzuerkennen sind. Dieses dürften die Gebäude mit den Hausnummern 208 bis 211 sein; die beiden größeren im Vordergrund vermutlich Gericht und Gefängnis.

Bild nächste Doppelseite: Eine Idylle wie aus dem Bilderbuch der Erinnerungen. Sogar der Froschkönig ist in diesem schilfbestandenen Teich im Nordwestzipfel des Kreises Pr. Eylau zu hören. Das Häuschen in Globuhnen gehört zum „Kolchos Kaliningradez". Der Ort heißt nun Medovoe und liegt mitten im Rayon Bagratinovsk (Pr. Eylau), der bis ans Frische Haff reicht und den ehemaligen Kreis Heiligenbeil einschließt.

Linke Seite und rechts oben: Störche – wie hier auf ihren hohen Nestern zwischen Kreuzburg und Zinten – gehören weiter zum Bild Ostpreußens. Jedoch scheint ihre Zahl in diesem nördlichen Gebiet geringer geworden zu sein. Vermutlich liegt es daran, daß das Land nicht mehr die vielen Feuchtgebiete hat mit munteren Bächen, zahlreichen Gräben und einer Überfülle von Teichen.

Rechts: Die Autobahn durch das grüne Land liegt meistens einsam und verlassen da. Hier ein Blick auf die verwaiste Betonpiste zwischen Bladiau und Zinten.

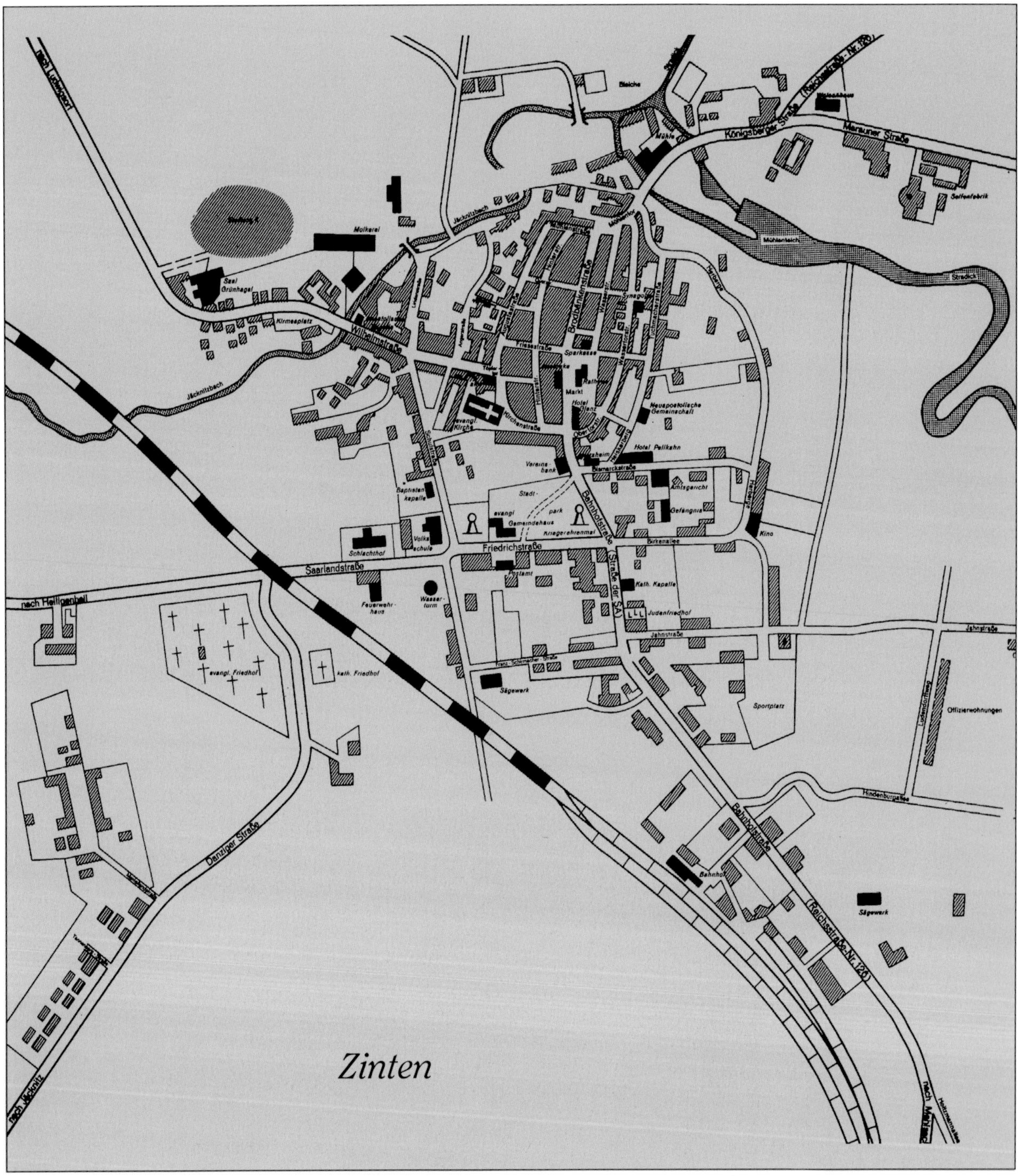

Rechts: Zinten (Kornevo): Aus der Ferne – auf dem Bild oben links von der Ludwigsorter Chaussee - wirkt bei flüchtiger Betrachtung der Ort noch wie eine heile Stadt im Grünen. Der zerstörte Kirchturm nur läßt ahnen, daß der Krieg nicht spurlos an der einstigen 7000-Einwohner-Stadt vorübergegangen ist. Weit schlimmer noch: Er hat sie ausgelöscht. Im Inneren ist fast kein Haus mehr zu finden. Vereinsamt steht dieser Bau mit hochgezogenem Erker da (unten).

Oben: Gespenstisch ist der Blick etwa von der Mühlenstraße über den Grund der untergegangenen Stadt in Richtung Kirche und Wasserturm. Nur Steine, Gras und Staub, wo einmal ein blühendes Gemeinwesen war. Fast genau in Richtung Wasserturm, beinahe auf Höhe der Kirche, war der Marktplatz mit dem schmucken Rathaus aus dem Jahre 1895. Als einziges Gebäude ist ganz links am Bildrand noch das der Vereinsbank zu sehen, das schon hinter dem Markt in der Bahnhofstraße stand, unmittelbar vor dem Stadtpark.

Rechts: Das war die schön gelegene und dicht besiedelte 7000-Einwohner-Stadt Zinten. Das Luftbild zeigt den gleichen Platz, wie er auf dem Foto oben zu sehen ist, zwischen Wassermühle am unteren sowie Kirche und Wasserturm am oberen Rand (vgl. auch nächste Seiten).

Rechte Seite: Das erschütterndste und eindrucksvollste Mahnmal gegen Krieg und Vernichtung ist der das Herz bewegende Rest der Pfarrkirche aus den Anfängen des 14. Jahrhunderts. Noch im Jahre 1930 war ihr Turm renoviert und mit neuer Glocke ausgestattet worden. Wozu?, fragt traurig und klagend der Betrachter. Warum eine fast 700jährige Geschichte, die so endet?

Rechte Seite: Das erschütterndste und eindrucksvollste Mahnmal gegen Krieg und Vernichtung ist der das Herz bewegende Rest der Pfarrkirche aus den Anfängen des 14. Jahrhunderts. Noch im Jahre 1930 war er renoviert und mit neuer Glocke ausgestattet worden. Wozu?, fragt traurig und klagend der Betrachter. Warum eine fast 700jährige Geschichte, die so endet?

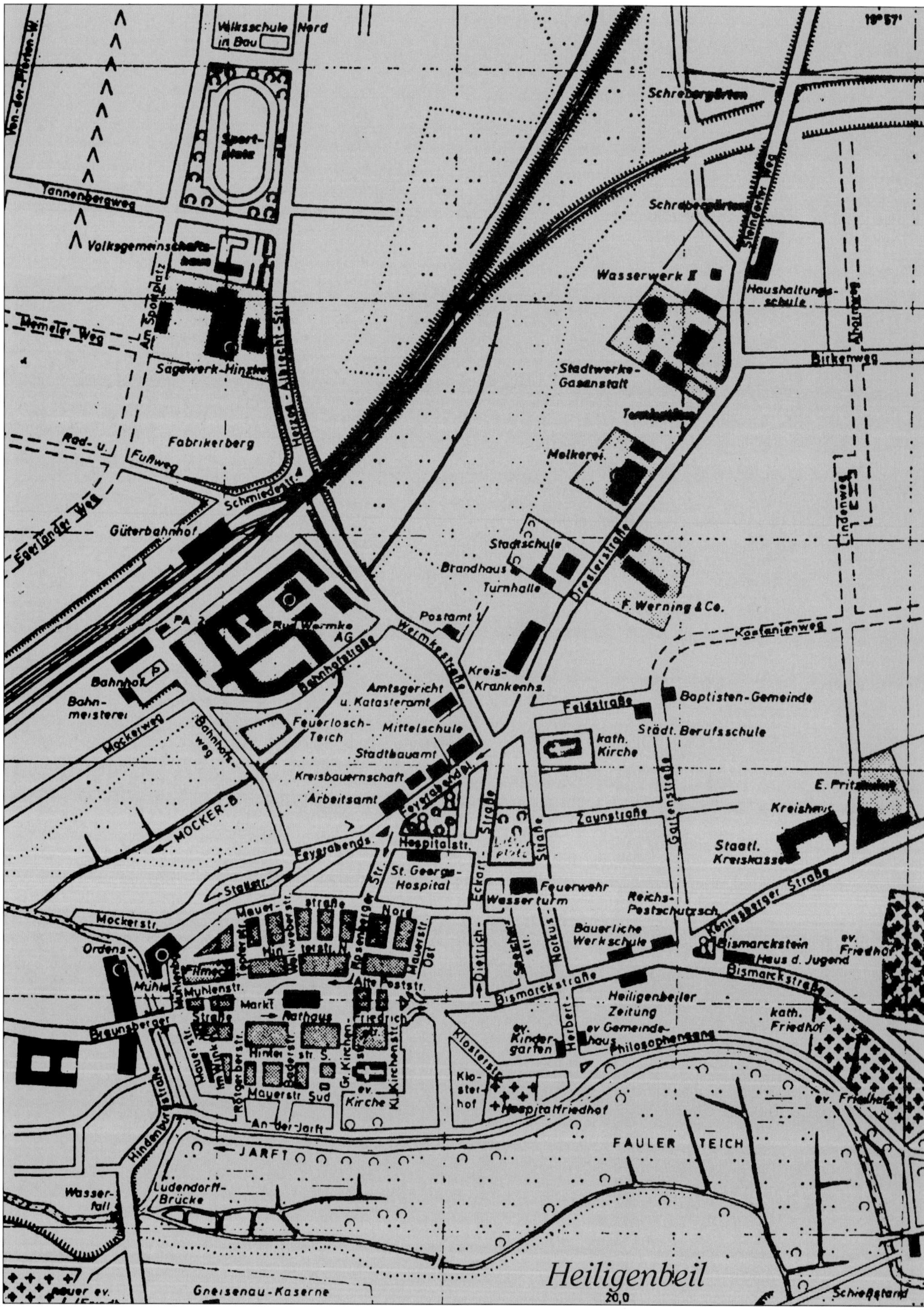
Heiligenbeil
Volksschule Nord in Bau
Sportplatz
Tannenbergweg
Volksgemeinschaftshaus
Memeler Weg
Sägewerk Hinsche
Fabrikerberg
Rad- u. Fußweg
Güterbahnhof
Bahnhof
Bahnmeisterei
Mockerweg
Feuerlösch-Teich
Amtsgericht u. Katasteramt
Mittelschule
Stadtbauamt
Kreisbauernschaft
Arbeitsamt
Postamt
Kreis-Krankenhs.
Stadtschule
Brandhaus
Turnhalle
F. Werning & Co.
Melkerei
Stadtwerke-Gasanstalt
Wasserwerk II
Haushaltungsschule
Schrebergärten
Birkenweg
Kastanienweg
Baptisten-Gemeinde
Feldstraße
Städt. Berufsschule
kath. Kirche
Zaunstraße
Gartenstraße
Kreishaus
Staatl. Kreiskasse
Königsberger Straße
Feuerwehr
Wasserturm
Reichs-Postschutzsch.
Bäuerliche Werkschule
Bismarckstein
Haus d. Jugend
Bismarckstraße
Heiligenbeiler Zeitung
ev. Kindergarten
ev. Gemeindehaus
Philosophengang
kath. Friedhof
ev. Friedhof
Hospitalfriedhof
Klosterhof
FAULER TEICH
JARFT
An der Jarft
Ludendorff-Brücke
Wasserfall
Gneisenau-Kaserne
Schießstand
Mockerstr.
Mühle
Mühlenstr.
Markt
Rathaus
Braunsberger Straße
Hindenburgstraße
St. Georgs-Hospital
Hospitalstr.
Mauerstr. Süd
ev. Kirche
Steindorfer Weg
Lindenweg
Dreslerstraße
Wermkestraße
Bahnhofstraße
Eysenabendstr.

Oben: Heiligenbeil (Mamonovo): Das Zentrum der früheren Kreisstadt ist nicht mehr vorhanden. Der nördlichere Teil ist zum Mittelpunkt geworden. Etwa hier, wo Wermke- und Dreßlerstraße zusammenstoßen. Links das Amtsgericht, rechts Wohnhaus Volgenandt, wo ein Geschäft mit „Waren aller Art" untergebracht ist.

Rechts: Das St. Georgs-Hospital am Feyerabendplatz. Davor eine große Gedenkstätte für die sowjetischen Gefallenen mit einer trauernde Frauengestalt an der rechten Frontseite. Hier wurden großräumige Anlagen geschaffen. Beherrschend ein Denkmal für den „Helden der Sowjetunion", Oberleutnant Mamonov, dessen Namen die Stadt trägt. Kränze schmücken die Stätte.

Ein fast idyllischer See mitten in Heiligenbeil, das ist neu. Er ist im Dreieck Wermke-, Dreßlerstraße entstanden. Der rauchende Schornstein im Hintergrund gehört zur Molkerei.

Rechte Seite oben: Das Amtsgericht in der Wermkestraße. Der große Ziegelbau mit seinem markanten Stufengiebel fällt in der nun wesentlich dünneren Besiedlung mehr als ehedem auf.

Rechte Seite unten: Die Volksschule in der Dreßlerstraße. Die alte Stadtschule aus dem Jahre 1910 hat sich den meist üblichen Veränderungen unterziehen müssen. Aus dem abgewalmten Doppeldach wurde ein drittes Geschoß; darüber die meist anzutreffende flache Bedachung.

Rechts: Das Postamt in der Wermkestraße dient weiter dem alten Zweck. Damit wird eine alte Tradition fortgesetzt. Der Maschinenfabrikant Rudolf Wermke hatte um 1880 das erste Amt erbaut, nachdem die Post vorher in kleinen Mieträumen untergebracht war. Zu ihm gehörten etliche Poststellen in den umliegenden Dörfern, die mit Pferd und Wagen bedient wurden, gestellt von Postfuhrhalter Ernst Reh. Letzter Amtsleiter war Paul Wesendahl. – Oben: Immer noch erinnert am hochgezogenen Giebel das Posthorn an die Zeit des Postillions. Acht Tage dauerte damals die Fahrt in der durchaus nicht bequemen Postkutsche von Berlin nach Königsberg, später, als es schon die Berliner Chaussee gab, „nur" noch dreieinhalb Tage. In Heiligenbeil stiegen die Reisenden gern im „Weißen Schwan" ab.

ПОЧТА

Oben: Das Johanniter-Krankenhaus in der Dreßlerstraße ist weiter Hospital. Ein Ambulanzwagen und das Schild an dem Ziegelbau im guten Zustand weisen darauf hin.

Links: Die Mittelschule an der Feyerabendstraße. Dort, wo rechts der Kiosk steht, war früher das Tor zum Schulhof.

Rechte Seite: Der Wasserturm am Lutherplatz ist ein vereinsamter Zeuge der alten Zeit geworden. In seiner Nachbarschaft, bis hin zur Bismarckstraße, ja, weiter bis zum Markt, ist kaum noch ein Haus von früher zu sehen. Neubauten, bis zu fünf Stockwerke hoch, stehen am Rande eines weiten, freien Platzes, der spärlich mit Buschwerk besetzt ist.

КИНО
ТЕАТР
РОДИНА
КИНО
МОДЕРНИСТЫ
ИМЯ
РОЗЫ

Linke Seite oben: Fast durchweg erhalten sind die Siedlungshäuser hinter dem Sportplatz. Dort findet man auch noch größere Bauten aus der Vorkriegszeit.

Linke Seite unten: Dieses Kino steht in der Gartenstraße. Denkt man sich den Vorbau und weitere Veränderungen fort, dann dürfte dahinter die einstige Baptisten-Kapelle zum Vorschein kommen. Wie überall in Ostpreußen war diese freikirchliche Gemeinde auch in Heiligenbeil stark vertreten.

Oben: Kühe weiden im hohen Gras auf dem Hang vor dem ehemaligen Volksgemeinschaftshaus in der Herzog-Albrecht-Straße. Heute, in veränderter Form, präsentiert es sich als „Klubhaus der Stadt Mamonovo für die Arbeiter des Fischer-Kombinats". Dieses arbeitet in den Gebäuden der früheren Ostdeutschen Maschinenfabrik Rudolf Wermke in der Wermkestraße.

Balga: Der Hohlweg in Groß Hoppenbruch auf dem Weg an diese schicksalsvolle historische Stätte läßt Erinnerungen aufkommen. Hier stießen die Ordensritter als erste Deutsche vor, nachdem sie 1239 in Balga ostpreußischen Boden betreten hatten. Hier flüchteten die letzten Deutschen 700 Jahre später aus dem Kernland ihrer Provinz, bis am 29. März 1945 der Brückenkopf geräumt wurde.

Oben: Nur Trümmer und Mauerreste blieben, wenn überhaupt, von dem geschichtlich so bedeutsamen Platz übrig. Von der Ordenskirche St. Nikolaus, die gleichzeitg mit der Burg entstand, ist nur noch dieser Rest des einst sehenswerten gotischen Westportals mit seinem Fries aus Vierpaßmustern zu sehen.

Rechte Seite: Die Ruine der Ruine. Der letzte erhaltene Bau der ältesten und bekanntesten Burgruine Ostpreußens, der Wachtturm der Vorburg, wurde im letzten Krieg zerstört, ebenso wie seine einst sehenswerte Umgebung. – Rechts: Der Wachtturm der Vorburg vor der Zerstörung. Hier war seit 1929 ein Heimatmuseum untergebracht.

ТРОНЯ
DIRECTOR

Bladiau (Pjatidorožnoe): Von dem ansehnlichen und bekannten Dorf, umgeben von bedeutenden Gütern, ist nicht mehr viel übriggeblieben. Nur ein Rest der Mauereinfassung mit den beiderseitigen Pfeilern am Eingang läßt erkennen, daß auf dem Platz die prächtige Ordenskirche aus dem Jahre 1350 stand. Am Markt ist ein großes, offenbar aufgestocktes Haus zu sehen (rechts). Es ist das Gebäude, in dem Ernst Kurzbach seine umfangreiche Kolonialwaren- und Eisenhandlung mit Gastwirtschaft betrieben hat. Und auf der anderen Seite, ein wenig weiter in Richtung Heiligenbeil, der langgestreckte, niedrige Altbau, weißgestrichen und Zierränder an den Fenstern, war die Post.

1945
ВЕЧНАЯ
СЛАВА
ГЕРОЯМ

Linke Seite: Ludwigsort (Laduškin): Ein pompöses, langgestrecktes Ehrenmal mit der Inschrift „Ewiger Ruhm den Helden" an der Straße nach Heiligenbeil, etwa auf Höhe der Lindenstraße (oben), erinnert an die vielen sowjetischen Gefallenen der schweren Kämpfe in dieser Gegend. Sie sind auch hier bestattet. Zu ihnen gehörte der Leutnant der Panzertruppen Laduškin, der sich bei der Eroberung einer deutschen Stellung opferte. Der Ort trägt nun seinen Namen. Er wurde „Held der Sowjetunion". Ludwigsort-Laduskin ist erheblich zerstört, wird aber stark gefördert. Die Häuser der Siedlung 1. Ring stehen noch. Ungefüge Schuppen und andere Nebenbauten sind – wie meistens – dazugekommen (unten).

Oben: Brandenburg (Ušakovo): Von der einst sehenswerten Kirche existiert nur noch der Stumpf des früher hochragenden Turms. In der Ordenszeit war sie das Ziel von Wallfahrten. Dort war eine Reliquie der heiligen Katharina aufbewahrt worden, die Günther von Hohenstein mitgebracht hatte. Eine Grabplatte erinnerte an den 1380 verstorbenen Komtur. Rechts die Alte Schule, später Sitz der Gemeindeverwaltung. In der Mitte ein Denkmal mit der Inschrift „Ewiges Gedenken den Helden".

Bild nächste Doppelseite: Einen Anblick dörflicher Beschaulichkeit bieten immer noch die Deputathäuser der Domäne rechts vor der Ortseinfahrt, aus Richtung Königsberg kommend.

Reizvoll wie in alten Zeiten ist der Blick von der erhaltenen Brücke über den Frisching im Verlauf der Reichsstraße 1 auf den romantisch gelegenen Flecken. Boote im toten Frischingsarm (links) oder aufgedockt am Ufer. Rechts davon die besonders schön gelegenen Siedlungen an der Dammstraße. Weiter die Ausfahrt aufs Frische Haff und schließlich die Bergstraße. Ganz rechts wohl das Gebäude von Baumaterialien Behrmann. Im Schutze der mächtigen Brandenburg hatte sich der Ort schon frühzeitig entwickeln können. Die ursprüngliche Lischke – eine regellose Siedlung – erhielt 1513 die

Handfeste. Schließlich wurde es ein Marktflecken. Zu Anfang des 18. Jahrhunderts war Brandenburg sogar Stadt. Auch gab es einmal einen gleichnamigen Kreis. Der kleine, aber recht bedeutsame Hafen bestand seit dem Jahre 1729. Einen weiteren Aufschwung nahm der idyllisch gelegene Ort nach dem Bau der Straße Berlin – Königsberg, die dann Reichsstraße 1 genannt wurde. Auch heute geht das Leben in der immer noch schönen Siedlung am Haff weiter. Trotz der totalen Veränderungen ist hier manches gleich geblieben.

Ein Bild, das fröhlich und zuversichtlich stimmt: „Sieh hier", sagt der junge Russe. „Ich habe noch das Straßenschild aus dem alten Brandenburg." Und heute heißt die Straße wieder „Bergstraße".

Unverändert auch der heimelige Weg mit dem Kopfsteinpflaster und den traulichen Häusern. Leicht abschüssig und in schönen Windungen führt er bis ans Haff.

Die Mauer der einst stolzen Brandenburg. Die bereits 1266 vom Deutschen Ritterorden gegründete Anlage hatte damals eine hervorragende Bedeutung als Komtursitz, Konventshaus und Verwaltungsmittelpunkt. Das Haupthaus gab es schon lange nicht mehr. Die Gebäude der erhaltenen Vorburg dienten der Domäne Brandenburg als Wohn- und Wirtschaftsgebäude. Heute sind sie verfallen. Das Dach ist in der Mitte eingestürzt.

Linke Seite: Das ist neu in der schönen Uferlandschaft am Frischen Haff: ein Bohrturm. Wie hier in der Nähe von Brandenburg, so wird auch an anderen Stellen Ostpreußens Öl gefördert.

Bild nächste Doppelseite: Das hat es früher nicht gegeben: Riesige Seen direkt hinter der Haffküste oder sogar mit ihm verbunden. Besonders auf der Strecke zwischen Haffstrom und Waldburg sind sie entstanden, als unzählige, riesige Bagger Kies für den Wiederaufbau von Königsberg aus dem Boden wühlten. Ganze Dörfer verschwanden. Nun bevölkern Schwäne, Segel- und Ruderboote die neue Wasserlandschaft südlich von Königsberg. Dieses ist nicht die einzige und gewiß nicht die schlimmste Veränderung, die wir, nun wieder am Ausgangspunkt angekommen, auf dieser aufwühlenden Reise durch den ganzen Regierungsbezirk gesehen haben.

Vogelwiese
Pfundbudenberg
Sportplatz
Plantage
Plantagen-Restaurant
Strandhalle
Ostfort
Hinterhafen
Russendamm
Innenhafen
Bahnhof
Hafeneinfahrt
Vorhafen
Neutief
Frische
Nehrung
F R I S
S
E
E
S
T
Fähre

N
W
O
S
Schweinsberg
Alt-Pillau
Stadtsiedlung
FISCHHAUSENER
WIEK
Kamstigall
Marinesiedlung
Schwalbenberg
Becken II
Becken I
Gut Kamstigall
SHAFF

Pillau

Die Oberschule für Jungen, von der Friedrich-Wilhelm-Straße aus gesehen. Die drei oberen Fenster gehörten zur Aula. Hinter den fünf Fenstern darunter befand sich der Zeichensaal. Der Eingang ist neu. Früher war an der Stelle ein kleiner Garten des Hausmeisters. Auch der Anbau rechts vom Eingang ist erst nach dem Krieg entstanden.

Pillau (Baltijsk): Die bekannte Seestadt am gleichnamigen Tief ist immer noch ein besonders abgeschirmtes Sperrgebiet, das etwa zwölf Kilometer vor der Stadt, bei Lochstädt, beginnt. Günstigen Umständen ist es zu verdanken, daß diese Fotos zu uns gelangten.

Rechte Seite: Dieses hochragende Haus in Kreuzbauweise mit den markanten Giebeln steht auf dem alten Kasernengelände an der Bahnstraße. Der Eisenzaun davor stammt ebenfalls noch aus der alten Zeit.

Das Bild aus der Vorkriegszeit zeigt, daß dieser bekannte Winkel der schönen, alten Stadt erhalten geblieben ist. Nur das Pfarrhaus (ganz links) gibt es nicht mehr.

Rechte Seite: Ein Blick von der Ecke Mühlenstraße und Königsberger Straße. Rechts das Amtsgericht mit dem auffallenden Stufengiebel. In der Mitte die Oberschule. Das Haus links ist neu. Dort stand früher das Pfarrhaus.

LEVIN

Die Reformierte Kirche, von der Mühlenstraße aus aufgenommen. Dort soll jetzt ein Kino untergebracht sein.

Linke Seite: Die Reformierte Kirche zur alten Zeit (rechts) und das Amtsgericht (links) in der Mühlenstraße (oben). – Unten: Die Reformierte Kirche von der Predigerstraße gesehen.

Bild nächste Doppelseite: Die ehemalige Präparandenanstalt, später Mittelschule in Pillau II. Die Blöcke links im Hintergrund sind neue Wohnbauten im Hochhausstil.

Michael Welder/Rudolf Meitsch
Reise nach Masuren
Spurensuche in Ostpreußen, Westpreußen und Danzig
192 Seiten, gebunden in Leinen, farbiger cellophanierter Schutzumschlag, 155 farbige Abbildungen, einleitendes Essay,
ISBN 3-7921-0338-9

Michael Welder
Reise nach Schlesien
Spurensuche zwischen Annaberg und Zobten
224 Seiten, gebunden in Leinen,
farbiger cellophanierter Schutzumschlag,
251 farbige und Abbildungen,
einleitendes Essay,
Format 28,5 x 21 cm
ISBN 3-7921-0367-2

Michael Welder
Reise nach Danzig
Auf Spurensuche in Westpreußen zur „Königin der Ostsee".
224 Seiten, gebunden
farbiger Schutzumschlag
254 farbige Abbildungen
Format 28,5 x 21 cm
ISBN 3-7921-0422-9

Antanas Sutkus/Helmut Peitsch
Naturparadies Kurische Nehrung
Sandwüste in Europa
212 Seiten, Format 24,5 x 35,5 cm,
gebunden
171 farbige, großformatige
Abbildungen
ISBN 3-7921-0422-9

Helmut Peitsch
Rund um das Kurische Haff
Heute von Cranz nach Memel und in die Haffdörfer
160 Seiten, gebunden
Format 21 x 28 cm
64 farbige Abbildungen
80 s/w Fotos und Skizzen
ISBN 3-7921-0432-6

Irmgard von zur Mühlen
Als Gast in Königsberg
Bilder und Begegnungen aus dem heutigen Kaliningrad
112 Seiten, 85 Farbaufnahmen,
Format 21x 28 cm,
gebunden in Efalin,
Fadenheftung,
ISBN 3-7921-0371-0

Königsberg damals und heute
von Willi Scharloff
3. verbesserte Auflage
Bilder aus einer verbotenen Stadt. 176 Seiten, gebunden mit farbigem Schutzumschlag, 127 farbige und 109 s/w-Abbildungen
ISBN 3-7921-0266-8

Ich war in Memel und besuchte die kurische Nehrung
von Helmut Peitsch
136 Seiten, gebunden mit farbigem Schutzumschlag. Zahlreiche, farbige und s/w Abbildungen.
ISBN 3-7921-0364-8

Drei Kastanien aus Königsberg
Elisabeth Schulz-Semrau
Tagebuch einer Reise in das heutige Kaliningrad. 244 Seiten, 12 schwarzweiße Abbildungen
ISBN 3-7921-0452-0

Ostpreußen unvergleichliche Eigenart
von Dietrich Weldt
176 Seiten, gebunden, farbiger cellophanierter Schutzumschlag, Format 20 x 27 cm, 184 großformatige Farbabbildungen.
ISBN 3-7921-0436-9

Reiseführer Ostpreußen, Westpreußen und Danzig
von C. Hardenberg
Strapazierfähiger Einband, zahlreiche Karten, Skizzen und Stadtpläne, 24 farbige und 18 schwarzweiße Fotos, zweisprachiges Ortsnamenregister, 192 Seiten, Fadenheftung.
ISBN 3-7921-0316-8

Reiseführer Memel Kurische Nehrung und Memelland
von Werner Scharfenberg
176 Seiten, Fadenheftung, Format 12 x 15 cm, farbiger, cellophanierter Schutzumschlag, 30 farbige und 50 s/w Abbildungen, diverse Karten und Skizzen
ISBN 3-7921-0437-7